捨石たらん！

満蒙開拓移民の父　東宮鉄男

樋口正士

目次

はじめに

昭和史の中で確かな足跡を残しながら、戦後の故意的とも思える政治的理由から消されてしまった人物が少なからずいる。

その一人が東宮鉄男《とうみやかねお》である。彼こそが**「満蒙開拓移民の父」**といわれる軍人である。

あの張作霖爆殺事件の実行者である関東軍の一陸軍士官が、多忙な軍務の傍ら軍事上の信念を基に調査研究し、艱難辛苦・誹謗中傷のなか秀でた洞察力、類稀なる説得力の発露にて、満蒙開拓移民を国策にまでに開発・進捗して行く過程を見聞し、我が国の植民統治の一行程を垣間見たい。

日本は、一九三一（昭和六）年の満洲事変を契機に満洲全域を占領して、翌一九三二（昭和七）年に満洲国を建国した。満洲国は日本の傀儡政権といわれたが、この時期の満洲は事実上日本の支配下となった。国策として南満洲鉄道や満洲重工業開発を通じて多額の産業投資を行い農地や荒野に工場を建設した。その結果、満洲はこの時期に急速に近代化が進んだ。

又、日本の対満政策に於ける治安維持の方針として、兵力増進による地域的治安の保持、兵匪を警備等に雇う兵工政策の他に、農業集団移民を屯墾義勇組織として治安維持に当たらせる屯田移民策が東宮鉄男により企画された。

それが更に、関東軍参謀石原莞爾中佐、農業教育家加藤完治、農林次官石黒忠篤らの積極的な建議で、関東軍と拓務省の主導による試験移民として進展した。

日本政府の国策によって中国大陸の満洲、内蒙古、華北に入植した日本人移民の総称を満蒙開拓移民という。

そこでは満蒙開拓移民が入植する農地を確保するため、既存の農地から地元の農民を移住させる等、元々住んでいた住民の反日感情を煽るような政策も実施された。

満洲国は、一九四五（昭和二十）年八月、第二次世界大戦終結直前にソ連軍に侵攻され崩壊した。

我が国では今、戦後ベビーブームの「団塊の世代」が全員七十五歳以上になる二〇二五年以降を見据えた動きの中で、少子高齢化と人口減で人手不足が懸念されると警告が発せられている。

それ以上に、大和民族の消滅も視野に入れざるを得ない状態である。

さすれば我が国も、就労者・就学者達だけでなく、移民受諾をも視野に入れざるを得ない政策転向の必要性に迫られる。そこで、東宮鉄男の満蒙開拓移民の足跡を追い、今後の移民政策に一石を投じ警鐘を鳴らしたい。

（資料１）東宮鉄男

序章

日本で満洲《まんしゅう》と呼ばれる地域は、満洲国の建てられた地域全体を意味することが多く、中華人民共和国の「東北部」と呼ばれる、現在の遼寧省、吉林省、黒龍江省の三省と、内モンゴル自治区の東部を範囲とする。

この地域は、北と東はアムール河（黒龍江）、ウスリー河を隔ててロシアの東シベリア地方に接し、南は鴨緑江を隔てて朝鮮半島と接し、西は大興安嶺山脈を隔ててモンゴル高原（内モンゴル自治区）と接している。南西では万里の長城の東端にあたる山海関が、華北との間を隔てている。

日本では隣接の内モンゴル（蒙古）地方とあわせて「満蒙《まんもう》」と総称している。

広義の満洲としてはモンゴル民族の居住地域を指すが、満洲国に属していた内モンゴル自治区の東部、「東四盟」と呼ばれる赤峰市（旧ジョーウダ盟）、通遼市（旧ジェリム盟）、ホロンバイル市（旧ホロンバイル盟）、興安盟が含まれることが多い。また、外興安嶺（スタノヴォイ山脈）以南、黒龍江以北、ウスリー河以東のロシア領の地域を外満洲《がいまんしゅう》と呼び、場合によってはこの地域をも含むことがある。

外満洲は、満洲と同様に、ネルチンスク条約（一六八九年）で清朝領とされたが、その後のアイグン条約（一八五八年）、北京条約（一八六〇年）によりロシアに割譲された。

外満洲を含めた面積は、約百五十五万㎢に及ぶ。

一九〇四（明治三十七）年から一九〇五（明治三十八）年にかけて起こった日露戦争は、ロシア（当時はロシア帝国）の南下政策に伴う日露の朝鮮半島に対する権益権行使の問題に端を発した。

権益とは、権利と利益のことで、「ある国が他国内に持つ権利とそれに伴う利益」をいう。

その日露戦争に勝利した日本は、ポーツマス条約で長春以南の鉄道と付属の利権などを手にし、満蒙への

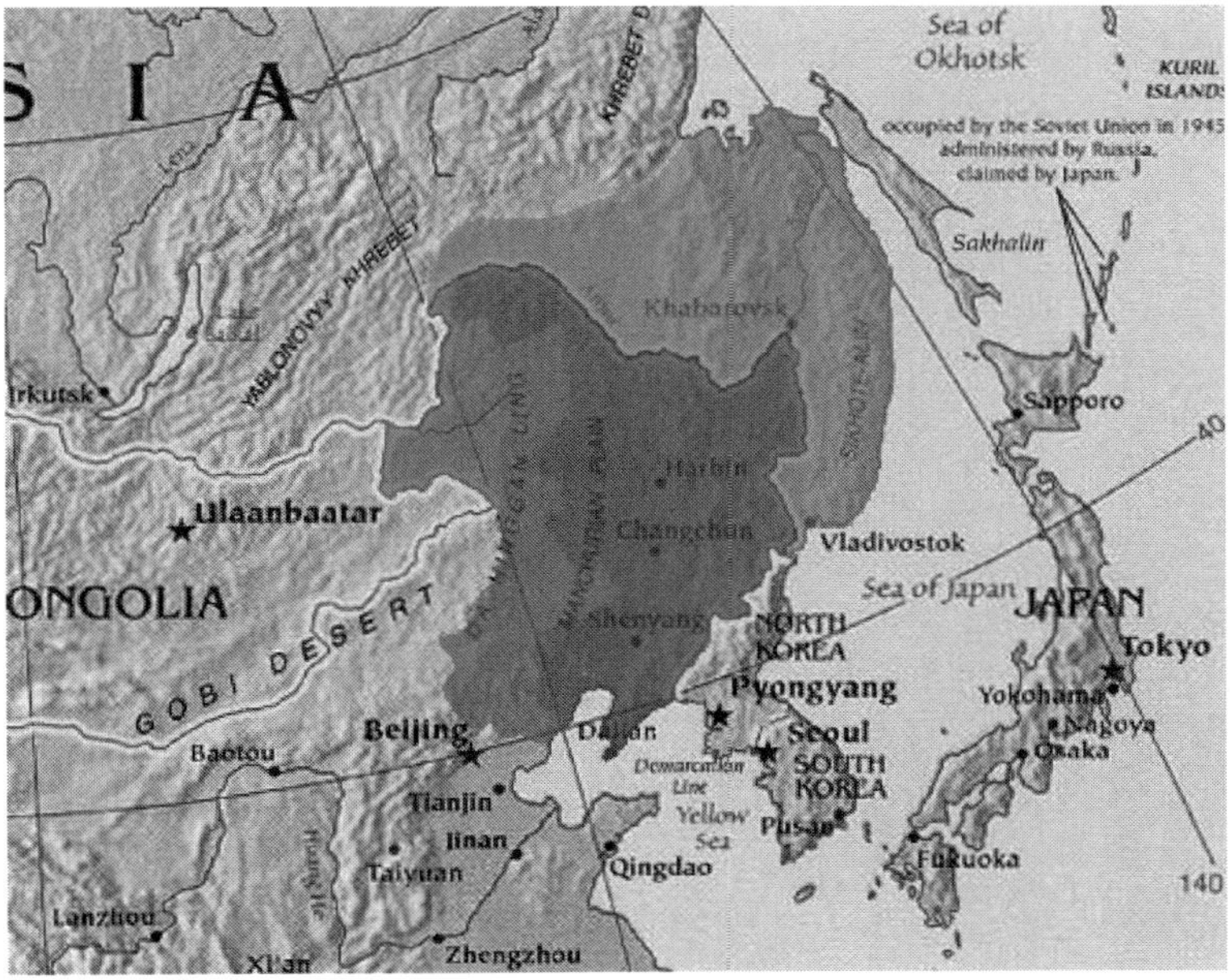

(資料２）満洲地図（濃色部分：満洲、淡色部分：外満洲）

足懸かりを作った。以後、日本はロシアとの間で四次に亘る日露協約を締結し、満洲・内モンゴルにおける互いの勢力範囲を定めた。また、清国も一九〇五（明治三十八）年の満洲善後条約や一九〇九（明治四十二）年の満洲協約でこれを認めた。しかし、一九一二（明治四十五）年に成立した中華民国は、一九二〇年代に入ると国権回復運動を推進し、日本と激しく対立することとなった。

満蒙問題とは、日露戦争後の満洲、内モンゴル地方に於ける日本の特殊権益擁護を巡る諸問題のことである。

では、満蒙に於ける日本の主な権益とは、具体的にはどのようなものであったろうか。さまざまな分類があるが、永雄策郎著『満州問題 太平洋外交の原理原則と満州事変の意義及其の帰結』によれば、

- 関東州租借権
- 関東州以北の中立地帯に関する権利
- 満洲鉄道付属地行政権
- 満洲鉄道平行線敷設禁止権

の四種類に分類される。

一九二八（昭和三）年当時、日本に於ける満蒙問題を軸とした対中国政策には、次の四つのスタンスがあった。

（一）田中義一（立憲政友会）内閣総理大臣らの「満蒙特殊地域論」

長城以南の中国本土は国民政府（蒋介石政権）の統治を容認するが、長城外の満蒙については日本影響下の張作霖ら奉天軍閥の勢力を温存することによって特殊権益を保持しようとする立場。

（二）濱口雄幸ら野党の立憲民政党による「協調外交」

国民政府によって満蒙を含めた全中国が統一されることを基本的に容認し、国民政府との友好関係を確立することによって中国との経済交流の拡大を実現しようという立場。

（三）関東軍の「満洲分離方針」

日本の実権掌握下に於ける新政権の樹立を企図する立場。しかし、これは中華民国の主権が存続することを前提としたもので、鉄道問題や商租権問題など従前からの外交事案解決を主な動機としていた。

（四）日本陸軍中央（木曜会、次いで一夕会及び参謀本部第一部）の「満蒙領有方針」

満蒙問題の解決のみならず、対ソビエト連邦戦争をはじめとする国家総力戦対応の要請から、満蒙の実質的領有をめざす立場。中国の主権はまったく否定される。

一九三一（昭和六）年九月の柳条湖事件より始まる満洲事変は、一般に、一九二九（昭和四）年より始まった世界恐慌の甚大な影響を受けて日本が陥った一九三〇年代初頭の経済的苦境（昭和恐慌）や農村の疲弊（農業恐慌）を打開するため、板垣征四郎や石原莞爾ら関東軍軍人によって計画・実行されたものとの見方が多い。しかし、実際には世界恐慌に先だって、満洲事変につながる満蒙領有方針が既に打ち出されていたのである。世界恐慌は満洲事変を計画した軍人たちにとっては、予てからの方針を実行に移す好機となった。

結局は、上記のうちの（四）が選択されたことになり、清朝を樹立した満洲族出身地域でありながら「化《け》外《がい》（華外《かがい》）の地」「無主《むしゅ》の地」とされてきた満蒙に一九三二（昭和七）年、満洲国が樹立された。

昭和初年の経済恐慌の農村への影響は大きく、一九三四（昭和九）年の冷害は特に大きな打撃を与え、その一方で満洲国の成立によって大量の移住が国策として必要であるとされた。

拓務省が設置され、朝鮮総督府・台湾総督府・樺太庁・南洋庁の統治事務の監督及び海外移民の募集や指導を行うことになった。『月刊拓務時報』が刊行され、拓務省内には海外移住相談所が開設された。しかし、省設置後に始まった満洲事変以降に獲得した占領地は軍部が統治していて拓務省は関与できなかった。

戦前、戦後を問わず農業を目的とした移民が辿り着く先は開墾すべき原野であることが多く、労苦があった。なかには開発の可能性が殆んどない荒地に住むことを余儀なくされた。

ここで本稿の理解を促すため二、三点を記すことにする。

一　開墾と開拓

開墾とは、山林、原野を切り開いたり、池沼、海面を干拓したりして耕地へと地類を変換することをいう。

開墾の方法には、人力開墾、畜力開墾、機械開墾がある。

人力開墾…鍬などを使い人力で開墾する方法。人力開墾には平起法と簡易畔立法がある。

畜力開墾…馬や牛によって開墾する方法。

機械開墾…トラクターなどの機械により開墾する方法。

開拓とは、未耕地を開いて農用地、集落、道路などを作り、そこに移住して生活を営み農業を行うことをいう。

山林や原野を耕地にする開墾及び農地造成技術、湖沼や海に堤防を築いて内部を排水して耕地にする干拓技術が必要である。と共に、入植者による経営を可能にし、地域社会として発展させる農村計画上の諸技術や営農上の諸対策も求められる。

技術的な問題については、開拓可能地と開拓適地が要求され、開拓にとって必要なことは、自然条件が適切で技術的に開墾、干拓に有利であることと農業経営が可能なことである。

二　移民

移民とは、異なる国家や異なる文化地域へ移り住む（移住）する人、移住した人々、またそれらの事象を総称する。

移民は、移民を送り出す国の側からは出移民または移出民として、また同時に、移民を受け入れる国の側からは入移民または移入民として、それぞれ別個に取り扱われる。

なお、法制上に於ける移民の定義は国によって異なり、国際的に統一された定義は存在しない。

移民の定義に関連した一つの問題は、**移民**と**植民**との相違点である。この二つの言葉は、いずれも民族の対外的発展を表現するという意味で共通点をもっているが、移民は国外移住を志す個人の移動の面を重視しているのに対し、植民は植民地の建設や経営を目的とする国家的活動の面から捉えられた概念である点に大きな相違がある。

植民にも本国人の移住を伴うという点で、移民と類似した点があるが、自国の主権の及ぶ植民地への植民と、そうでない地域への移民とでは、いろいろな意味で大きな相違があることを認めない訳にはいかない。しかし、十九世紀までは移民と植民との区別はそれほど明確ではなかった。

次に移民は**難民**とも区別されねばならない。
戦争や革命は、いつの場合にも本国送還や引揚げ、逃亡や追放などの形で大量の難民を作り出す。第一次世界大戦と、これに続くロシア革命により、戦時並びに戦後にわたる難民は七千万人に達した。
現在も、局地的戦争や社会的混乱により沢山の人々が難民に加わっている状況が続いている。

移民にはさまざまの形態があり、以下のように区分される。
(一) 個々人の自由意志に基づく自由移民と、国家あるいは移民団体の計画に基づく計画移民。
(二) 移民先で分散してそれぞれの職につく分散移民と、移民後も集団をなして定住する集団移民。
(三) 国家その他から補助金ないし援助を受けて移民する補助移民と、個人の資金だけによる非補助移民。
(四) 移民先の農場、工場、会社などに雇われるための雇用移民と、新たに土地を開拓し、そこに定着するための定着移民。
(五) あらかじめ雇用契約を結んで移民する契約移民と、多少とも資本をもち、自ら企業家となる企業移民。
(六) 移民期間の長短に基づく恒久移民と一時移民(出稼ぎなど)。

移民の類型としては、

（一）国家権力の介入との関わりによる分類：強制移民、半強制（契約）移民、自発的移民。
（二）生活基盤のあり方による分類：一時的移民（出稼ぎ）、恒久的移民。
（三）移民の動機による分類：植民、労働力移動、難民、頭脳流出。
などがある。

移民は一般に、移民者のより良い生活への欲求を直接の個人的動機として生ずるものであるが、更に、さまざまの経済的、社会的、政治的、宗教的要因が移民を押し出す力として作用する。

例えば、ある宗派に対する圧迫、少数民族への迫害、革命、戦争、凶作、経済構造の変化、景気変動による失業、人口過剰などが移民の原因を成して来たことは、数々の歴史的事実によっても明らかである。

しかしながら、移民が行われるためには、一面、移民に好適な、或は移民を必要とする受入れ地域が必要であり、それ故、移民者にとって望ましい職業ないしは生活環境と、受入国における未開発地の存在や労働力への需要などが、移民を引き寄せる条件として作用する。

以上のような送出国および受入国における移民を規定するさまざまの条件の変化が、移民の規模や方向、形態を左右しているのである。なお、移民に対する国家の政策も、移民に影響する大きな要因となる。

また、日本の移民の歴史を観るに、本格的な移民は一八八六（明治十九）年、日布渡航条約に基づくハワイへの移民と共に始まる。

条約締結の前年に九百五十六人が甘蔗（サトウキビ）園労働者として渡航したのを最初に、以後一八九四（明治二十七）年までの十年間に移住者は三万人に達した。政府間の条約に基づく移民ということで、これを**官約《かんやく》移民**という。

一八九四（明治二十七）年に移民保護規則が公布され、更に一八九六（明治二十九）年にこれが**移民保護法**となる。ハワイとの官約移民から政府が手を引いてからは、移民はもっぱら移民会社（一八九六年には二十社を超える）を通じての**契約移民**の形で行われており、弊害も続出し、移民者の保護が叫ばれていた。移民保護法の制定以後、移民は大幅に増加し、大正末期までハワイ、アメリカ、カナダなどを中心に年平均一万六千人の移住が行われた。

しかし、ハワイ、アメリカへの移民は、一九〇八（明治四十一）年日米紳士協約により制限され、更に一九二四（大正十三）年の移民法（いわゆる**排日移民法**）により激減する。

この時期に北アメリカに代わる移住先として比重を高めるのがラテンアメリカ、特にブラジルである。ブラジルへの最初の移民は、一九〇八（明治四十一）年笠戸丸《かさとまる》によるコーヒー園への契約移民七百九十九人の移住に始まり、一九三三〜三四（昭和八、九）年の最盛期には年間移住者は二万人を超えるに至った。だがブラジル移民も、一九三四（昭和九）年制定の新憲法により制限を受け、以後漸減する。

アジア地域への移民は、フィリピンを除き、それまで少数に留まっていたが、一九三五（昭和十）年以後、中国、満洲への移民が急増する。特に、一九三六（昭和十一）年から「満洲移民二十カ年百万人計画」が推進され、集団農業移民＝分村移民という形で、全国農村地域、なかでも長野、山形、熊本、福島、新潟、宮城、岐阜の諸県から多くの開拓団、義勇隊が移住した。第二次世界大戦敗戦までの満洲開拓者の数は二十七万人とも三十二万人とも云われる。

三　満蒙開拓について

大陸政策の要として、また昭和恐慌下の農村更生策の一つとして、中国東北地方で行われた日本人の農業移民政策が**満蒙開拓**である。

農民の移住が関東都督府や満鉄の手で何度か試みられたがいずれも失敗に終わっており、本格化するのは満洲事変以後である。

日本の対満政策に於ける治安維持の方針として、兵力増進による地域的治安の保持、兵匪《へいひ》を警備等に雇う兵工政策の他に、この農業集団移民を一～二年間屯墾義勇組織として治安維持に当たらせる**屯田移民政策**が考案されていた。そのことは、**軍事移民**に比べ、財政負担を減らせるとみなされていたのである。

関東軍司令部付東宮鉄男、同軍参謀石原莞爾、農業教育家加藤完治、農林次官石黒忠篤らの積極的な建議で、先ず一九三二（昭和七）年から関東軍と拓務省の主導による試験移民が四年間にわたって入植した。

日本政府の国策によって推進された中国大陸の満洲、内モンゴル、華北に入植した日本人移民の総称を**満蒙開拓移民**という。また、**満蒙開拓団**ともいわれる。

満洲開拓移民にあっては、農業従事者を中心に、村落や集落などの地縁関係に重点をおいた移民団（開拓団）が日本の各地で結成された。彼らは農業研修や軍事的な訓練を渡航前に受け、大陸へ「**満洲開拓武装移民団**」として送り込まれる方式が採られた。

満洲開拓移民の募集には、『王道楽土』や『五族協和』などをスローガンにした宣伝キャンペーンが大々的に行われ、多くの人々が募集に応じた。

一九三六（昭和十一）年、広田弘毅内閣は「**満洲開拓移民推進計画**」を決議し、一九三六（昭和十一）年から一九五六（昭和三十一）年の間に五百万人の日本人の移住を計画、推進した。同時に、二十年間に移民住居を百万戸建設するという「**満洲農業移民百万戸移住計画**」も打ち出された。

日本政府は、一九三八（昭和十三）年から一九四二（昭和十七）年の間に二十万人の農業青年を、一九三六（昭和十一）年には二万人の家族移住者を、それぞれ送り込んでいる。

その背景には、日本政府により戦前に進められていた、北アメリカやブラジルなど南米諸国への日本人入植移民数に対する段階的制限があった。また、昭和恐慌によって当時の日本の地方農村地域は疲弊と困窮を極めており、窮乏生活を送らざるを得ない農業従事者らの強い移民志向もあったとみられている。

「**満洲開拓政策基本要綱**」は「第一、基本方針」「第二、基本要領」「第三、処置」の三部からなり、更に「付属書」「参考資料」が添付されている（開拓総局 一九四〇年）。

具体的な政策実施方針を定めた「基本要領」の内容は、以下の四点に纏められる。

一、日満両政府の責任分担を明確にすると共に、日満間の連携を維持、強化する。
　日本国内での業務は日本政府が、満洲国内での業務は満洲国政府が統轄する。移民入植地の行政経済機構は「原住民トノ共存共栄的関連ヲ考慮シ」満洲国制度下に融合させる。行政機構は街村制によるものとし、経済機構は協同組合を結成させる。

また、指導員の身分は従来の日本政府嘱託から日満両政府の嘱託に改め、移民の訓練は日本国内での訓練を日本政府が、従来は満洲拓植公社が管理していた満洲国内での訓練は満洲国政府が統括する。

満洲開拓青年義勇隊については、日満両国の開拓関係機関合作による訓練本部を新京に置き、各機関の協議によりこれを運営する。更に日満両政府がそれぞれ開拓関係行政機構の整備拡充を行って関係機関との連絡に適切な処置をなすと共に、両政府間直接の協議連絡を緊密にする。

二、移民の区分と入植地域、入植形態を規定する。

日本人移民、朝鮮人移民を開拓農民、林業、牧畜、漁業等との半農的開拓民、商工、鉱業その他の開拓民に区分する。

また中国人農民を国内開拓移動住民、開拓民移住に伴う補導原住民に区分する。前者は一般の中国人の国内移動、後者は日本人入植に伴う現住農民の立ち退きを指す。

日本人開拓民の定着を推進すると共に、朝鮮人開拓民の移住・定着、現住農民の補導、移動についても積極的な助成、補導を行う。更にこうした開拓民の入植や現住農民の移住補導では、満洲国協和会の活動が重視される。

三、開拓用地の整備、利用開発、配分などに関する要領を定める。

開拓用地の整備は、「未利用地主義」に基づき国営により実施する。また湿地干拓、アルカリ地帯の利用、森林原野の開拓などを重点的に行う。これにより、満洲拓植公社の業務であった開拓用地の取得および管理が満洲国政府に移管される。

四、満洲拓植委員会の運営の規制および満鮮拓植会社の満洲拓植公社への統合を決定する。ただし満洲拓植公社改組については意見が纏まらず、今後引き続き協議するとする。

この「満洲開拓政策基本要綱」により、日本人移民政策に於ける満洲国政府の位置づけは大きく転換した。満洲拓植委員会は存続したものの、以後日本人移民政策の基本方針決定過程では両政府間の直接協議が重視され、満洲国内の政策実施は基本的に満洲国政府に委ねられることになったのである。

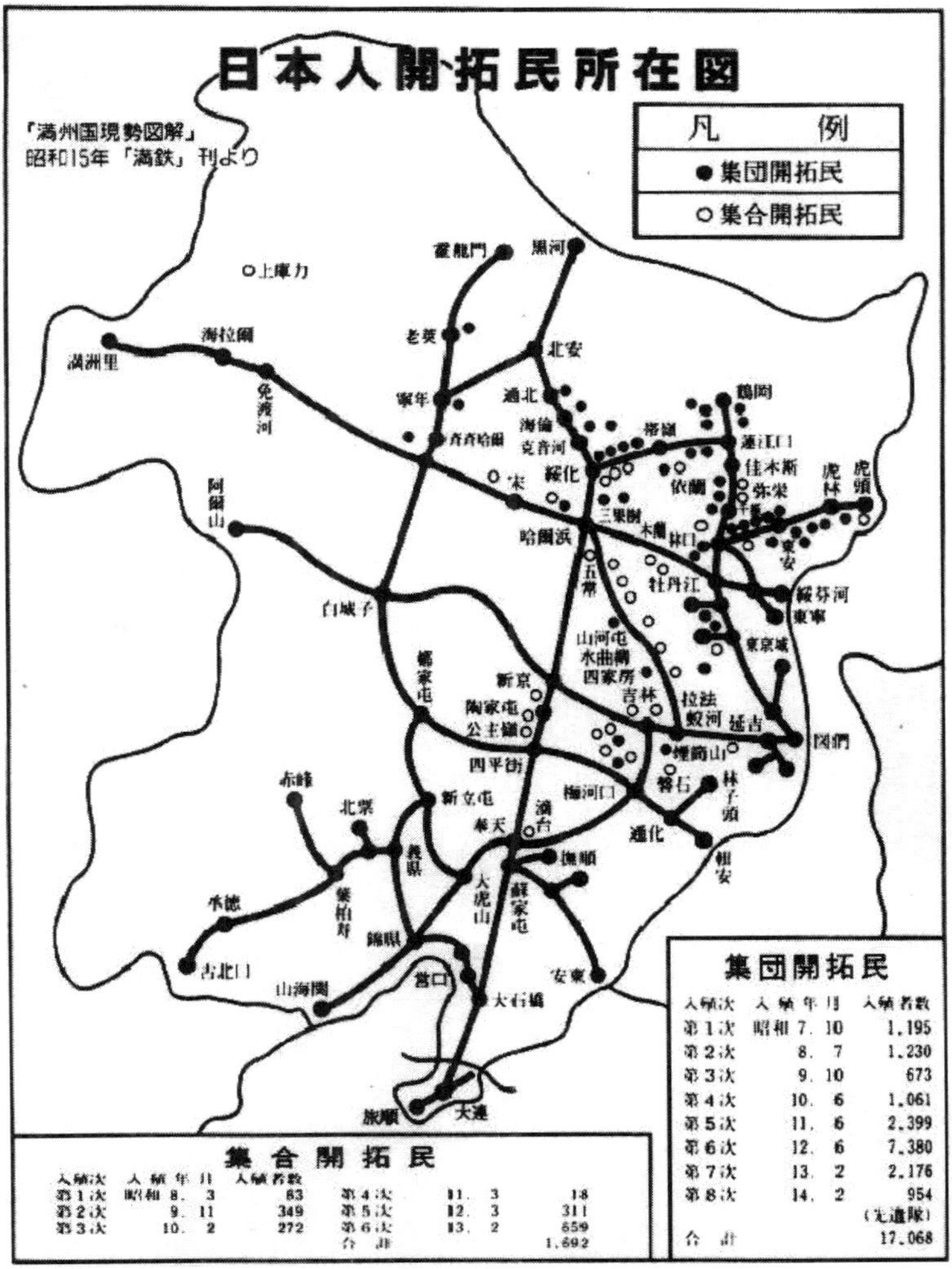

（資料３）日本人開拓民所在図

第一章　大陸へ

東宮鉄男《とうみやかねお》は、一八九二（明治二十五）年八月十七日、群馬県勢多郡宮城村で出生した。

宮城村は赤城山の南麓にあり、関東平野を眺望する傾斜地で、北側は急傾斜地で山林が多く、南側はなだらかな傾斜地で農地や宅地が広がる。幕末の侠客・大前田栄五郎を生んだ所として知られる。

父は六郎次吉勝といい、苗字帯刀を許されていた豪農の家柄であった。父祖代々剣道を良くし、父吉勝もまた天下の剣馬庭念流《まにわねんりゅう》本間氏に学んで、念流の奥義に達した人だった。明治初年度廃藩置県の際には、宮城村初代の村長として村治に奔走し、公事に尽くした人である。東宮家の家号である「島屋」の旦那として村の人達から尊敬を受ける身でありながら、自らも若い時分から野良仕事に精を出し、夫婦共々働いたのであった。

母はとみといい、堅夫人として近郷に聞こえた婦人で、吉勝の代には家運衰微の時であったが、家運挽回のため、豪農の家柄を面に表わすことなく、吉勝共々苦労を重ねて家を興した人であった。

村の人達も島屋の夫婦には感心して、

「それ島屋で刈り入れを始めた。天気が変わるかも知れんで、おら家でも始めべェ」

そういう案配なのである。

とみは農家には天候が大事だと、浅間山の煙の流れ方にも心配して、

「あの煙の倒れ方は普通ではない。これは早く刈り取らないと長雨になるかも知れない」

そう言っては、下男下婢の先に立って野良仕事に励むのだった。

勝ち気で利発で、常に下男下婢の先に立って野良に出、また小作人の面倒を良く見るので、村の人達も一にも二にも「島屋のおとみさん」と呼んで、とみの言う事を信用するという有様であった。

鉄男はこの母親によく似ていた。九人兄姉の末弟として生まれたが、父母晩年の子であるだけに、両親はその成長に心を留め、鉄男という名も丈夫であれという親心からであるという。

鉄男の幼時は、癇癖の強い腕白な児であったが、小学校を出る頃から性質が変わって、神社仏閣の前を通る時には必ず拝礼を忘れぬようになった。この精神が後年に至るまで鉄男を支配し、旅行しても、任地にあっても、常に神社仏閣の参拝を心掛けていた所以であろう。

学生時代に於ける鉄男評は、資性質実剛健、刻苦勉強の努力家にして、論語、剣道、テニスに秀ず、とある。

中学時代、当時前橋地方にも既に都会的趣向が蔓延していて、学生の中にもそういう趣向に被れて得意がる者もあったが、鉄男はそれに飽き足らず、自らハイカラ排撃という標語を作って実践した。そしてまた徒歩主義、剛健旅行という健脚主義を標榜し、山野跋渉を以て英気を養う方法とした。

中学を出た年の八月の日誌に、次の記述がある。

> 二十八日、昨日までの天候は一変して、今日は未明より晴れて甚だ心持ちよし。
> 菅笠《すげがさ》に記す
> 鉄生まれて性愚、当世の学生の優れたるを喜ばず。樸柄なるを喜ぶ。而して温泉海水浴に遊ぶことを好まず、山野跋渉を好む。車船を好まず徒歩を好む。

（資料４）東宮鉄男の生家（出典：『東宮大佐傳』）

この度萩原氏の誘いによりて両毛《りょうもう》間の連山を跋渉せんとす。快なる哉、快なる哉、両毛徒歩。両毛を跋渉して何をか得ん。此れ筋骨を鍛え、英気を養いて他日五大州を蹂躙する時に備えん。

三十一日、余の頭脳は愚なり。然れどもこれは天の与えるものなれば如何とも為すことを得ず。然れども余、神より健康なる身体を受けたり。余はこの幸いによりて努力主義を取らんとす。余は今年十九歳なり。生まれて十九年の間、余は如何なることを為せしか。その量に於ては、余は自ら恥ずるのみ。

この二つの日誌は、既に鉄男生涯の性格を物語っているもので、菅笠に気概の一節を記して山野を跋渉するあたり、鉄男の若き日の面目躍如たるものがある。

鉄男を育てた宮城村の地は、赤城山南麓の高原地帯に位置し、西方は奇峯妙義《みょうぎ》または秀峰榛名《はるな》を指呼の間に望み、また遥かに噴煙る浅間《あさま》を望み、南方には秩父の山脈雲表の中に連互し、筑波また東南に聳えて、所謂関八州の侠気を生んだ所である。四辺豪快な山容のうち、清流大利根は淙々として清冽を走らせているのである。

この山河自然の中に山野跋渉を楽しみ、父祖代々の剣気に浸り、諸手突《もろてづ》きの一手を得意としたその剣道四段という豪も、これは人の薫陶と相成って、上毛《じょうもう》気質の発露は確かに故郷の山河自然の感化が自ずと鉄男の風格に溶け込んで、その人柄を作ったことが頷ける。

中学を出ると予てからの希望で陸軍士官学校を志し、当時近衛師団の参謀少佐であったのちの陸軍中将渡邊金造氏の許に身を寄せることになった。

鉄男を渡邊少佐の許に紹介したのは東宮家の同村同字の出身で、親しい仲の医学博士斎藤玉男氏である。

「鉄男君は将来有為なるべき素質を持っているので、何卒将来のご指導を仰ぎたいと思います。実は、父親は私のような職業をと言うのですが、本人が医者などを嫌っているのと、また本人の性質が軍人向きなので、本人の希望通りする方が有望です。どうかお願いいたします」

こうして斎藤氏の依頼で、渡邊少佐の許に身を寄せるようになったのであるが、のちの渡邊将軍はその時、

「それではお引き受けするが、ご覧の通り狭い家でもあるし、大家のご子息として待遇は出来ぬから、それをご承知願う。私の所にいる間は、一切実家から仕送りをせぬことを約束していただきたい。それで良ければお世話しましょう」

そういう約束だったそうである。

こうして渡邊少佐の指導を受けることになって、その翌年に陸軍士官学校に合格した。


陸軍士官学校とは、大日本帝国陸軍に於いて現役兵科将校を養成する教育機関（軍学校）のことで、通称・略称は陸士《りくし》という。

一八八七（明治二十）年にプロシア式の士官候補生制度になる。一八八九（明治二十二）年に第一期生が入校する。士官候補生は陸軍幼年学校および旧制中学校出身者からなり、指定された連隊や大隊（これを原隊という）で下士官兵（一等兵または上等兵から始まる）として隊付勤務を経た後に、士官学校に入校する。中学校出身者は、十二月に士官候補生一等兵として入隊し、翌年六月に上等兵に昇進する。八月に伍長となり、十二月に軍曹となる。軍曹に昇任すると同時に、陸軍士官学校に生徒として入校する。

士官学校を卒業すると曹長に進級し、見習士官となって原隊に復帰する。半年ほどで、原隊の将校団の推薦により少尉に任官するという建前になっていた。

わずか二十歳そこそこで高等官になれる陸軍士官学校は魅力的で、全国の中学の秀才を集め、「一高・三高・海兵・陸士」などと並び称されるほどであった。また、上級学校に進学できない貧しい家庭の子にとって、授業料なく高等教育を受けられる陸士は憧れの的であった。

鉄男は、一九一五（大正四）年五月二十五日に卒業（二十七期）した。

同期組は、**七百六十一名**で、

中将：秋永月三・井桁敬治（没後進級）・岩崎民男・伊藤忍・村田孝生・木下栄市・納見敏郎（憲兵・自決）・原乙未生・綾部橘樹・久野村桃代・木村松治郎・栗栖猛夫（没後進級）・四手井綱正・田坂専一・片岡董・宮下健一郎・樋口敬七郎・大前憲三郎・諫山春樹・辰巳栄一・岡本清福・田中友道・大須賀応（没後進級）・高橋坦・伊藤忍

少将：河嶋修・小野行守・中熊直正（戦死）・美田千賀蔵（戦死）

大佐：東宮鉄男（戦死）・星実敏（憲兵）・金錫源（金山錫源・韓国軍准将）・白洪錫（韓国軍少将）

中佐：金仁旭

少佐：堀内一雄（満洲国陸軍少将）

中尉：張錫倫（韓国軍大佐）

少尉：荒木五郎・関口存男

等がいた。

卒業に当たり渡邊将軍は、鉄男に備前長船《びぜんおさふね》の太刀を贈って祝ってくれた。その後同年十二月二十五日に陸軍歩兵少尉に任官し、近衛歩兵第三連隊付を命ぜられた。

近衛師団とは、大日本帝国陸軍の師団の一つで、一般師団とは異なり、最精鋭かつ最古参の部隊（軍隊）として天皇と皇居を警衛する「禁闕守護《きんけつしゅご》」の責を果たし、また儀仗部隊として「鳳輦供奉《ほうれんぐぶ》」の任にも当たった。また、近衛師団は他の一般師団と異なり、禁闕守護の任から衛戍地《えいじゅち》こそ東京なものの、連隊区といった特定地域からの徴兵によるのではなく全国から選抜された兵によって充足されており、近衛兵になることは大変な名誉であった。

鉄男が任じられたのには、多分に渡邊参謀少佐の力が働いたことであろう。

士官学校を出てからも渡邊家との間は家庭的に結ばれて、鉄男は日曜毎には訪問して、少佐の子供たちと遊ぶことを楽しみとした。旅行などに出ると必ず旅行地の面白い便りを出して喜ばせることを忘れなかった。

初めて見習士官となって馬に乗りたくてたまらず、ある日曜の事、馬丁《ばてい》を内緒で説き伏せて渡邊少佐の乗馬を引き出し、得意になって二重橋に乗りつけたのは良かったが、乗馬が途中で何に驚いたのか一目散に走り出したのである。いくら手綱を引き締めても止まらない。堀端に来た所で東宮見習士官は馬上より投げ出されてしまった。それでも手綱はしっかり握って離さず、そのために余計泥にまみれて戻って来たが、おかげで軍服を埃ぼらすやら散々の態であった。それを少佐夫人に繕ってもらったり、頭に刺さっている砂利を子供たちに拭きとってもらったり、一場の傑作を残して大笑いとなったが、そのように渡邊家は家庭的な憩いの場所だった。

近衛師団への配属は、一族や郷土の誇りとして、縁談が多く舞い込み地元の名士から一席設けられることも多かったという。

鉄男は一九一九（大正八）年四月、中尉に進級。その年に結婚した（三十歳）。

その結婚も渡邊家の肝煎で、親戚の加藤直良氏の長女操嬢を既に意中に於いて、「東宮さんのお嫁さんはうちで必ずお世話しますからね」と。

渡邊家は加藤夫妻と早くから相談を進めていて、操嬢を世話したのだ。

渡邊夫人の兄である小野里家は加藤氏の親戚である。小野里萬蔵氏は国学院大学を出て、当時郷里に近い同じ群馬県の県立富岡高等女学校に教鞭をとっていた謹厳な教育家であった。

「同県だし、小野里さんの親戚の娘さんなら、両親があのように立派な人格者なのだから安心してお世話できる」

という訳で、話が当時中尉だった鉄男に持ち出されたものだ。

鉄男も既に結婚期にあったので、幾人かの候補者が知人や親戚から持ち出されていたが、

「渡邊家と小野里さんのお世話なら黙って頂戴します」

と、一切任せてしまっていたのだった。

その見合いが加藤家で行われた。そののち渡邊夫妻から、

「東宮さん、操さんは如何でしたか？」

と感想を聞かれるが、

「何にも見なかった」と言う。

「まあ、何にも見なかったは東宮さんらしくて良かったですわね。でも将来を契る夫婦になる人ですよ。良

く観察すれば良かったのに、良い人ですよ」

「僕はお任せしておりますから」

「それでは御異存ないのですね」

こうして話は順調にすらすらと運んで、操嬢と結婚した。

これは鉄男の性格の表われで、一旦人を信じて任せるとなると、是非を言わなかった。後年大陸で活躍した時もそうだった。信用した人間の非難や陰口を持って来る者があっても、それに動かされなかった。どこまでも信用を変えなかった。それよりもそういう陰口を嫌った。そのために誹謗されるようなことがあったが、それでも平気だった。鉄男はそういう性格の人だった。


鉄男はそうして中尉で家庭を営んだが、大尉となり、少佐となり、中佐となっても、渡邊家や加藤家との家庭的な交誼は見習士官当時と変わらなかった。渡邊将軍を師父として仕え、慈父として甘える事も変わる所がなかった。


結婚後、大陸に雄志を抱いていた鉄男は支那研修を思い立って私費留学を請願し、一年間の期間を許可されると、その時も結婚してまだ九ヵ月の新婦を、当時朝鮮龍山の歩兵師団長をしていた渡邊将軍の許に預けて、単身出て行ったほどで、全く家庭的な事には生涯を通じて渡邊将軍に甘え、加藤家との交誼も忘れなかった。

鉄男が支那事変に大隊長として出征する時も、長槍を一本持参したくて、それを渡邊将軍にわざわざ依頼したものだ。将軍も我が子の出征を送るが如く、加藤家と共々依頼の長槍入手に奔走し、これを揃えて送った。
この渡邊家を中心にした情味というものは、公職を離れた鉄男の家庭的な人情味の発露で、生涯を通じて変わらなかった。その人情に篤い事、物に執着しない事、竹を割ったような闊達さ、清濁併せ呑むという度量、そういう性格は勿論公職と家庭内と、内にも外にも変わるものではなかった。全く一あって二のない鉄男の真情の現われで、所謂故郷上毛男子の美点を全幅備えていたというべきだろう。

いざさらば五輪峠のきりぎりす

この句は士官学校時代、赤城山跋渉の折り五輪峠に登頂して、キリギリスの音に感懐をやったものだが、それは他日、大陸に雄志を延べんとする意を盛ったもので、一旦軍人として御奉公に勤しむ日、故郷の山川草木にも、虫の声にも、別れを告げようという感懐なのである。

翌一九二〇（大正九）年六月、鉄男は歩兵第五十連隊付に移った。
歩兵第五十連隊は、一九〇八（明治四十一）年十一月三日に仙台から信州・松本に転営していた。

その頃、ヨーロッパは第一次世界大戦のさなかで、ドイツ・オーストリア・ハンガリーなどの同盟国と、フランス・ロシア・イギリスなどの協商国が争っていた。戦争が長期化するにつれ、近代化の遅れていたロシアは敗走を重ね、経済は破綻した。
一九一七年二月に二月革命、十一月にはレーニンの指導するボリシェヴィキにより世界最初の社会主義革命である十月革命が起き、一九一八年にロシアは崩壊した。ボリシェヴィキ政権は単独でドイツと講和条約（ブレスト・リトフスク条約）を結んで戦争から離脱した。このため、ドイツは東部戦線の兵力を西部戦線に集中することができ、フランス・イギリスは大攻勢をかけられて苦戦していた。

連合国（日本・イギリス・アメリカ・フランス・イタリアなど）は、ドイツの目を再び東部に向けさせ、同時にロシアの革命政権を打倒することも意図した干渉戦争を企図した。それに際し、西部戦線で手一杯になっているイギリス・フランスに大部隊をシベリアへ派遣する余力はなかったため必然的に地理的に近く、本大戦に陸軍主力を派遣していない日本とアメリカに対して、シベリア出兵の主力になるように打診してきた。

日本は、対米協定に基づく妥協案のもと、ロシア極東のウラジオストクに「革命軍によって囚われたチェコ軍団を救出する」という大義名分でシベリアに出兵した。

〔註：米国の歴史学者レオナード・ハンフリーズは、「当時の日本側の事情として、領土獲得への野心、日露戦争後に失った利権の奪還、地政学的な理由（日本はロシアと地理的に近く、さらに日本の利権が絡んだ満洲、日本統治下の朝鮮半島は直接ロシアと国境を接していた）等のみならず、政治的・イデオロギー的な理由もあった。すなわち､日本の政体（国体）である天皇制と革命政権のイデオロギーは相容れない以上､共産主義が日本を含めた同地域に波及することをなんとしても阻止する必要があったのである」としている〕

東宮鉄男はそのシベリア出兵に志願した。

「人生の半ばをすぎる数年、未だ戦場を知らず、熱血の男児如何か安閑と途に老朽せん。シベリアの軍は無意義なりと功あるも知られず、資すとも惜しむものなし、しかも困苦多しと聞く。笑って君国のため氷原に屍を晒す。これ真の犠牲ならずや。年来の修道、自刃の下氷の間に果たして何等の光明を発するや試み、且つ更に竿頭一歩を進めん哉」

と、その出征志願は斯くの如く熱血の迸るところにあった。

シベリア駐屯一年、満洲との国境ハンカ湖（中国東北部の黒龍江省とロシア連邦の沿海地方との間の国境地帯にある広大な湖）に近いスパスク＝ダリニーの警備に従っていた。パルチザンの出没と、日本軍の虚を衝かんとする秘密結社の蜂起と、馬賊の跳梁と、国境の荒野に血生臭き幾多の経験を重ねつつ、ロシアの国情を探ると共に、この時に早くも後年の大陸開拓の着想を得、更にその北進論の土台を築いたのであった。

「遥かなる雲際、地平線上遮る何物も見えず、あゝ、遥かなる沃野かな」

「流石は大陸の野だ。見渡す限りの地表に樹一本の影すら留めぬ」

「耕せば稔る沃野なのだ！」

一望無辺の大地を見つめて、鉄男は秘かに心中に期するところを得た。

「開拓するのだ！」

と、同時に密かなる計画が湧いたのだ。

荒野シベリアに立った時、「ああ、これが耕せる土地であったらなァ」と、幾度嘆じたかしれないのだ。

鉄男は、名にし負うシベリア高原に身を置いて、狭い内地など忘れるように大陸への執着を覚えたのである。

土地に生きる農家に生まれた彼は、ここで今更のように内地との比較をせずにはいられなかった。鉄男の生家は土地の豪農といわれる身分だったが、それも山村の限りある田と畑である。内地の農村などまるで子供のママゴトにも比べられないものであった。

「やっぱり土地だ」

そう思うとこの広漠たるシベリアの土地が鉄男にとっては羨ましくてならないのだ。否、耕すにも土地を持たぬ内地の農家が気の毒になったのだ。そして鉄男はいつしか大陸への夢を持つようになったのである。

「西都スパスク及その南方高地を散歩する。ハンカ湖の方面一望千里、我が国の植民地にせばやと食指動く」

当時三十歳の青年将校東宮中尉はそう日記に記している。

大なる夢でなくしてなんだろう。例えシベリア派遣軍の駐屯時代とは云え、シベリア植民地建設などという夢を描いたものが他にあろうか。常夏の南米移民こそは政府でも民間でも鐘と太鼓で奨励するほど騒ぎながら、寒い北への植民などという……。

だが、此の夢を見る人が若き情熱家の彼であったのは幸いであった。国を憂うる青年将校なればこそである。

中尉のシベリア駐屯は不運にも警備を主とし、戦闘という戦闘には既に遠ざかっていたので時に無聊《ぶりょう》の日など、彼は従卒を連れてハンカ湖の岸に立って水と土との効用を思うのだった。

「これだけの水とこの土地とがあって……」

と、彼は農耕の目安をしてみるのだった。そして従卒相手に密かなる夢を語るのだった。

「中尉殿、シベリアでは日本の百姓はとても駄目であります」

だが、従卒は肝腎の要点になると彼の相手に乗って来ないのだ。

「何故だ？」

「寒いであります」

従卒の返事は至極簡単だ。

厳寒三十度という遠い他国の土地に、従卒としては何の興味も持ち得ないのだ。

「アッ、ハハハハ、寒いといったって北海道と同じ経度だぞ。それにロス（ロシア人）はやっているじゃないか。日本人がやれぬということはあるまい」

「ハァー、日本の百姓はこんな土地へは来ないであります」

従卒の簡単なる返事がそこに至ると、彼はハタと当惑しなければならなかった。

「フム……」

成程植民地の食指は動いても、そういう実際問題の研究はしていない。少尉任官以来軍務に多忙であるばかりではない。矢張り軍人としての未来を描いて来ただけだ。ただ矢張り青年将校らしい熱情と剛健とは折に触れ、時により、その持ち味を蔽うべくもなく、或る日の日誌にはこう書き留められている。

「小鳥の如く、蝶の如く歌い舞い狂う露国の青年よ。乙女よ。汝らは露国同胞の現況を知れりや。露国を滅ぼさんものはコーラスなり、ダンスなり」

彼はこうも記している。

「どこまでも遊び好きなロス共かな」

国亡びても呑気に享楽に耽る彼等に憤懣《ふんまん》を感じ、ロス共にまた呆れもした。

この感慨が若い東宮中尉の熱情の現われだ。

シベリアから帰還して内地を目にした時、まず鉄男の眼に映ったものは狭い土地にごちゃごちゃと立ち並ぶ町並だった。

「狭いなァ」

そう思うと、更にそこに住む人々がなんとなく多く見えるだろう。狭い土地に多い人！　自ずと人家は箱庭に見え、町家はこせこせしているのが当然だった。

広大なる国土に住んで、土地に不自由を知らぬ遊び好きで呑気なロス共に比べて、営々と働けど、働くに土地なき狭き日本が惨めだ。

このように赤軍の強さを実感し、ソ連のコサック兵をモデルとする武装農民の必要性を痛感、対抗策を模索し始めるようになった。


一九二三（大正十二）年一月から一年間支那広東に私費留学し、支那の国情をつぶさに調査し、その民族性を研究したことが、鉄男の大陸経営への忌みがたき熱意を謳ったもので、これこそ後年の大陸活躍への出発点となるものだった。

鉄男が敢えて南支を選んだのは、南支こそ支那革命の発祥地であり、北支人より俊髦《しゅんぼう》と謳われる南支人を研究しようという目的からであった。

「俺は語学研究ばかりが目的ではない。北支と南支との違いを見るのだ。南支を観察して北上するのだ！」

一九二五（大正十四）年八月の進級で中尉より大尉に進んだ鉄男は、その翌年の一九二六（大正十五・昭和元）年十二月に奉天独立守備隊歩兵第二大隊第四中隊長となった。

それまで近衛歩兵第三連隊の中隊長として皇城警護の任に仕えた少尉任官以来の永い原隊と別れて、満洲の野に赴くのは一抹の別離感を伴うものであった。

それは沼津御用邸、日光田母沢の御用邸へ行幸あらせる節、儀仗兵として供奉《ぐぶ》し奉る光栄の思い出があるからで、近衛将校として鉄男が常に一代の栄誉としているところであった。

生来無頓着で風采など眼中になく、中尉時代麻布の法音寺という寺の一室に、これも変わり者の独身住職と自炊生活を営んでいた。鉄男は日頃、ツギだらけで、汚れていても服装などとんと構わぬ快男児であったが、ただ御警衛に出仕する時だけは、斎戒し、上下肌に付ける物一切洗濯した物でも、新品でも、垢の付かぬ下着に取り替えて、軍服も別装に整えて寺を出て行くのだった。

流石に住職もそれには感心して、

「東宮中尉は偉い男だ。日常金も無いのにあの心がけだけは忘れない」と。

そう言って賞讃の辞を惜しまなかった。軍人として、近衛将校として、それは当然の事だが、無頓着なバンカラ男だけにその心掛けを忘れぬところに、鉄男の誠忠の現われと見るべきだ。

少尉以来ずっと近衛第三連隊に勤務し、その間一年、歩兵第五十連隊付となってシベリア派遣軍に従事しただけで、今度は満洲守備隊の中隊長として、二度目の外地勤務に赴くのである。

「東宮、予ての宿志を果たす時が来た貴様が羨ましい。大いに頑張れよ」

と、同僚は挙げて彼の満洲行を祝福してくれた。軍人として雄志を大陸に求める事は誰もの願いであった。

鉄男にとっては、大陸は将に向後を拓さんとする熱意の地。シベリア出征以来、そのための研究もしてきた。それのみではない。一九二三（大正十二）年一月には私費留学生となって一年間、語学研修と大陸研究に費やしている。

幼少より軍人を志し、医を薦める父を説得して初志を遂げた彼は、また大陸への欝勃《うつぼつ》たるものがあったのだ。日清戦争以来幾度となく尊き血を流した地、日本のため雄志果たすべき地、誠に大陸こそ身を投じて為すべき地だ。

さなきだに当時の満洲は張家の根拠地ではあったが、当の張作霖は関内進出に没頭し、当路者また日本の権益に対し圧迫を加えるという時代だった。鉄道敷設権が蹂躙され、鮮農が圧迫され、その為に衝突が各地で起こっていた。

満洲農民が不得手とする水田経営を、鮮農は熟練した耕作でどんどん開発して行った。最初は満人地主もその有様に喜んで鮮農を入れ、開発させたのであったが、この水田経営が有利になって来たのを見た官憲は、地主をつついて鮮農から開発された水田を取り上げ、満洲から追っ払おうとした。鮮農はこのために資金を投じ、水無き土地に溌漑を越し、並々ならぬ苦労を払っている。むざむざと追われるものではない。その為に血を見る衝突が各所に頻発する有様だったが、それが悉く裏面には当路者の排日の手が繰られていたのだ。狡猾を得意とする彼等は表面では交歓を繕いながら、裏面では陰険なる手段を弄し、所謂欧米派の台頭と共に、要路の親日派は退けられるという有様で、後の満洲事変発生の素因が既にこの頃から仕向けられていたのである。在満将兵の憤激は元よりだった。

かくして一九二七（昭和二）年の一月、鉄男は再び外地勤務となり、既にその前の年に大尉に進級し、奉天独立守備隊の中隊長として、唄に聞く広い満洲に身を委ねることになった。

独立守備隊とは、満洲の南満洲鉄道を守備する歩兵隊である。


一月十二日、東宮大尉は家族同伴で奉天に着任した。前年の十二月二十二日守備隊の中隊長に補せられてから旬日も経たぬ間に世は**昭和**と改元されて、厳寒の満洲に降り立ったのである。

鉄男にとって満洲に任地を得た事は誠に本懐とするところだったろう。


鉄男は夫人や子供の揃ったところで一夜その覚悟を言い含め、

「満洲は内地とは違う。日本の権益を守るために、何時いかなる突発事件にぶつかるかもしれない。噂にも聞くであろうが穏やかな土地ではない。匪賊もいる。軍人としての覚悟は少しの間も緩める訳にはいかない。また家族の者も同様、軍人の家族としていかなる場合にも恥じないように、良いかね」

「満洲へ来ると承知のように忙しい。まだ当分は守備勤務の研究に追われるから、お前たちを見物に連れて行くことも出来ないが、良いかね」

と、家庭では良い父親であった。


南満洲鉄道の独立守備隊は、司令官の下に歩兵六大隊があり、公主嶺、奉天、大石橋、連山関、鉄嶺及び鞍山に大隊本部、その他要地に分遣部隊を駐屯させていた。

鉄男は渾河《こんが》の分遣隊に駐屯した。渾河は満洲南部を流れる大河で、遼河《りょうが》の支流である。遼寧省と吉林省の境界に源を発して後、遼寧を南西に縦貫して渤海の遼東湾に注ぎ込む。途中には、撫順、奉天などの主要都市がある。

その忙しい日に一段落ついて、中隊長会議が終わった夜、けたたましい電話のベルが中隊本部に響いて、奉天南方で電話線が切断されたという報告が入った。

東宮大尉は直ちに出動、中隊の主力を率いて現場に駆け付けた。見ると満鉄の重要電話線三十数本が入っているケーブル線が一区間見事に盗まれている。勿論、匪賊の仕業だ。

現状調査を終えて、その夜は渾河の分遣隊に引き揚げ、その翌日、付近の部落を捜査したが得るところが無く帰営、その午後現品が捜索した後の付近から発見されたのには、鉄男も忌々しかった。

奉天付近もそうだが、重要沿線には毎夜潜伏斥候を出して見張りをしているのに、昨夜はまんまとしてやられ、今日もその有様で鉄男としては癪にさわる。そこで現品をそのままにしておいて、夜取りに来るところを引き捕まえんものと、中隊屈強の者を変装潜伏させ、部落に見張りをつけ、手ぐすね引いて待ち構えたが来ない。その次の夜も出没を待ったが来ない。二晩続けて失敗だ。これには鉄男も苦笑の外なかった。匪賊たちは心得たもので、日本兵の潜伏をちゃんと知っていて、居る間は何日でも取りには来ない。現品は取り上げたものの、大尉初陣の匪賊狩りはこの様にして失敗だった。

満洲のその頃は、奥地には例の緑林の王者を気取る馬賊と、鉄道沿線に出没自在の匪賊とが居り、これらが地の利を心得て出没するのだから大変であった。守備隊はその彼らを相手にして、日本の権益を、日本人の生命を、財産を守るのだ。行軍に、演習に、警備に、その任務は大である。その合間に種々の検閲、武道競技、匪賊狩り、事件勃発、中々めまぐるしい連続である。人事の往来も外地だけに交際を必要とする。兵への訓練、教育は尚更の事、それよりも満洲こそ、曾て日露戦争で父兄が血を流した所である。

×月×日
明治三十八年三月九日の近衛師団の戦跡たる大柏官屯付近にて演習す。途中小柏屯は我が第三中隊の戦闘展開せる地にて、往時を偲び低回去る能はざりき。一望の高粱畑、昔も斯くありしならん。先輩流血の跡、風昔の如く寒し。終夜露営し、前哨演習をなす。

これは鉄男の大陸の日誌の一節だが満洲こそ忘れ能わずの地、守らざるべからずの地、然るにその満洲に排日の声が挙がっているのである。

張作霖の満洲に於ける勢力は、我が国の庇護によって確立したものであるが、その張作霖が自己の地盤確立と共に最早日本の援助を必要とせずと自惚れ、中原に鹿を遂わんとする手段として、大衆を迎合するための手段として排日を標榜し、これを実行に移し始めたのである。しかもその排日たるや漸次露骨となり、陰険となり、日本の満洲における地盤を根底から覆さんとする野望を抱くに至ったのである。

一方、満洲に於ける三千万の民衆は張家やその一統軍閥によって苛斂誅求《かれんちゅうきゅう》の苦しめを受け、膨大な軍費は彼らによって搾取され、軍事諸施設のみ膨大となり、それによって日本に対抗せんとする動きを示すに至ったのである。それが自ずと反映し、時に我々に向って侮辱をも敢えてし、特に、我が軍が少数の場合など罵詈を弄するという有様になった。しかも日本付属地内に於て、日本斥候を射撃するというような不遜も敢えてした。兵士との衝突事件など各所で演ぜられるという有様である。

東宮中隊でもそれを免れることは出来なかった。まして奉天守備隊だけにうるさかった。

「断固たるべし！」

と、鉄男は中隊に命令し、

「守備隊の行動は日本を示すものだ！　日本の地盤を守るものだ！　不遜な彼らに対しては断固膺懲するのみ！」

と、排日許すまじとした。

×月×日
支那側排日機運益々濃厚となり、来たる日曜日又この運動をやるらしい。総領事は威力を以って積極的にやるため本日政府に訓令を電請せり、兵力使用の場合等につき警察署長、××中佐、憲兵分隊長、余、領事館に集合。具体案を協議す。

これでも分かるように排日は扇動的な排日運動をも助長し、その裏面は悉く軍閥の糸で操られているのだった。

「満洲に於ける日本の権益は日清、日露の戦役からこのかた、幾多の犠牲を払って築いたものである。先輩の血の代償である。その権益を彼ら一介の軍閥の為に蹂躙されるのを手をこまねいて傍観していれば、日本の勢力は大陸から一掃されてしまう。我々守備隊は、この日本の権益を擁護するために来ているのだ。如何なることがあっても一歩も彼ら軍閥に遠慮すべき筋合いはない」

守備隊の中隊長である鉄男は彼らの態度に痛憤し、激烈な権益擁護を主張して憚らなかった。

「一戦も辞せずべからず！」

という、鉄男は断固たる強硬派であった。

その対満意見は断然徹底したもので、日本の国家百年の大計を大陸に求めるにあった。そのためには、むしろ軍閥政権を打倒し、日本の北進の経綸を施すべき機会とし、在満軍を牽制する軟弱外交を糾弾し、政府の弱腰を痛烈に難じて余すところがなかった。

国家の為に斯く断ずべしとする血気の熱情に燃える熱血児東宮鉄男にとって、熱血の痛憤を覆うべくもない当時の満洲であった。

「北進すべし」

これは鉄男の持論である。そして、その**捨石たらん**と期したのである。

その言葉は、シベリアから帰還してのち、同期生たちの集会で沼田中尉が、

「海堡《かいほ》（海上に人工的に造成した島に砲台を配置した、洋上にある 要塞の一つ）は土嚢を為す所の水面には表われぬ幾多のガッシリした捨石が無くては出来ぬ」

と語った言葉であったが、鉄男はその言葉がハッと胸打つものであったゆえ「捨石」の字義を実行しようとしたのである。

「捨石！　吾人はこれで往こう」

鉄男は軍人としては勿論、陛下の軍人として軍務に励んだ。**頑鉄**《がんてつ》の綽名にもある通り頑固でもあった。それだけ「貫く」という気概を蔵して厳格な将校として知られていた。守備隊の中隊長としてもその厳格さは

兵卒の間でも有名だった。

「彼ら東北軍の奴らに守備隊の威を示して、自惚れをぶち壊してくれぬといかん」

勿論その当時の事とて、守備隊の緊張ぶりも当然だが、鉄男は自分の中隊の訓練や演習についてはそういう意図を以て厳しかった。

しかも軍閥政権の圧迫が益々露骨になって来た時で、軍務以外にも彼らとの交渉事件も実に多かった。一戦辞さぬ強行論者であっても、それは上の命令なければ実行に移し得ぬ事柄である。

示威と交渉とで侮日への対抗をする以外にない。そのために鉄男は心を砕いたものだった。

その数多い交渉事件の中で、例の鮮農圧迫の農業問題は特に鉄男の関心事で、これには随分と骨を折った。

しかし鉄男は、その問題における研究や調査をし、鮮農に対する興味が湧き上がると、鮮農それ自体に対する信頼を抱くようになった。

「鮮農も日本人だ。しかも立派に開墾して行く」

鉄男はそこに深く着眼したのである。

鉄男の土地に対する「計画」が段々真実性を帯びた設計となって来た。

当時内地は産業不振で職を求めて彷徨う者、身の振り方に迷う農村の子弟の境遇など、社会問題の一つであった。換言すれば人口問題である。海外発展が叫ばれながら、北米にも、南米にも日本移民の入国を閉ざす条例が出来て、人口問題は簡単ではいかなくなって来ていた。

「日本の発展地だ！　日本民族の発展すべき土地がここにあるではないか！」

鉄男の設計はここに於いて着実たるものとなった。今にして真に頑固たる信念となった。

「この沃野を開拓したならば国家的にも意義があり、又、仕事としても男性的で誠に男として生きがいのあるものだ！」

　今こそ公然とそれを口にし得る時となったのだ。

「よし、実行だ。何時かは機を得て、この仕事をやり遂げてみせる」

と決意を新たにするのであった。


　奉天に着任してから隊の仕事に一段落つくと、鉄男は夫人に、

「わしは夜も勉強があるんだよ。満洲へ来たからには勉強しなければならない。お前も忙しいだろうが…」

　隊から帰宅しても勉強する事は何も今に始まった事でなく、夫人の操もそれには少し怪訝だった。

　鉄男は東京時代から夜は家族とは別の部屋で独り机に向かっていた。しかしそれを特に断る事は無かった。勉強中は夫人も邪魔をせずという考えから、家事、子供の世話など一切夫の手を煩わさぬ事にしていた。それでも子煩悩で、二人の女の子が泣いたりすると勉強中を出てきて、子供の面倒を見る程であった。

　だから夫人もそういう勉強なら特にお達しがなくとも覚悟の前である。

「久子も佳子も私一人で大丈夫でございますから、どうぞ……」

「いや、家の勉強じゃないんだ。明日の晩から学校に行くことにしたんだよ」

と、夫人にとっては意外な事を鉄男は言いだしたのである。

　夫人は何の学校かとまた怪訝だった。奉天では鉄男が勉強に行く学校などはない筈である。

　陸軍大学まで敢えて受験しなかった鉄男である。鉄男が通ったことがあるのは士官学校と、隊から選抜将校として派遣された歩兵学校だけであった。

　三連隊時代、副隊長の寺内大佐（後の伯爵寺内壽一大将）から、

（資料５）奉天公館当時の家族写真（出典：『東宮大佐傳』）

「大学を出ないと軍人として出世しないぞ。東宮、何故受験せんのか」

と再三陸大受験を勧められながら、そのたびに言葉を濁して、遂に受験しなかったものである。

「貴様は頑固な奴だな」

寺内連隊長も一風気骨ある彼を嘱目《しょくもく》して勧めたのであるが、しまいには呆れて笑ってしまったという。

青年将校の瞳を吸い寄せる程の陸大生を問題外においたのは、彼は参謀将校を望まなかったからだ。参謀系と実戦系とあれば、彼は後者を取ったのだ。

この事は寺内大佐ばかりでなく、姉のぬい子も何故陸大を受験しないのかと責めたものだが、

「別に骨の折れるものを嫌う訳ではないが、そんなに偉くならんでもよいだろう」

と、あっさり片付けている。そして自分の仕事や将来については何も話さなかったものだが、何か考えていたかも知れないと、ぬい子も諦めていたものだ。

そういう鉄男が今頃学校に行くという。夫人にすればおかしい。

「それから古い軍服があるだろう。どれでもいいから襟章と肩章を外しておいて貰いたいんだよ」

「はい」

「いや。笑うなよ。実はね、それを着て支那語の勉強に行くんだよ。斎藤中尉が教えてくれてね。斎藤と二人、どっちもその服装で行く約束さ」

「まあ……」

夫人は笑い出した。

「しかし、これは出来るだけ内密にしておくんだよ。だから久子にも佳子にも。忙しいだろうが頼みます」

「私、最初からおかしゅうございましたわ。陸大にでも発心なさったのかと思って…」

事がはっきりして夫人も大笑い、古着屋のつるしんぼか軍隊の払い下げ品か、そういう服装が想像されるからだ。それでどこで見ても軍人の丸腰姿というものは間が抜けている。

「まァ、妙な学生さんが出来ますわね」

「ハハハハ。髭のある馬丁だよ」

それには夫人共々大笑い。家庭における鉄男は愉快な、良い夫、良い父だ。


さてその翌晩から、この間の抜けた、髭のある馬丁そっくりな学生が、奉天駅前に在る満鉄の實業《じつぎょう》補修学校の夜学に通い始めたのである。鉄男と共に大隊本部勤務の斎藤勘中尉も通った。同じように馬丁姿だ。生徒は十五、六から二十歳前後まで六十人ほど。年齢からいっても、服装からいってもこれは異色ある存在だ。


特に鉄男の禿頭は光彩甚だ光る存在だ。鞄を置いて二人顔を見合わせて苦笑、

「昨夜は家内と大笑いだ」

「そうでしょう。いやァ、なんだか苦学生みたいですね」

「それじゃ、馬丁の苦学か」

二人とも一年生で、一二三《イィアルサン》からの勉強だ。教鞭をとるのは日本人の辻先生と満人の楊先生。だが二人とも神妙な学生だ。いや熱心な学生だ。午後七時から九時までだが、七時といえば鉄男にとってはゆっくり暇もない通学時刻で、夕食もそこそこに官舎を出なければならぬ時が多かった。五時の引けといっても隊長としての職務は中々定刻には帰られぬ。時間に厳格な事でも鉄男は有名だが、それに増しての仕事がある。それは出勤と退庁とに際しては必ず隊内を一巡する事だ。隊内に不審や間違いがあってはならないからで、それ

だけでも時間を食う。それも在隊よりは隊外に居る事が多い。討伐や訓練や、それこそクタクタになるまで身体が疲れることだ。蒸し暑い大陸の夜、酷寒肌を刺す大陸の夜、夏となく、冬となく、任務に支障なき限り、出張や已むない会合でない限り、それは熱心に通ったものだ。斎藤中尉も驚く程だった。

「若い僕が東宮さんに適わんです。どうも疲れた時には居眠りが出そうで…」

「いや、同じだよ」

と言っても、鉄男は一度も居眠りなどしたことがないのだ。

「満洲で働くにはやっぱり満州語が出来なくちゃ不便だよ。広東で習ったのが役に立っているが、南と北とではやっぱり違うよ」

「どうも僕らには支那語の発音は難しいです」

「どうも年を取ると難しいね。やっぱり若いうちが覚えやすいのだろう」

「それにしても若い者の中で劣等生にはなりたくないですな。アッ、ハハハ」

「いや、それも御同様さ」

何しろ同輩はまるで子供だ。その子供の方が成績が良い。それでも学年末の成績は鉄男が十番位、斎藤中尉が三十番位。後に鉄男は楊先生を家庭教師格で官舎へ出張教授に来てもらうことにした。勤務の関係で七時登校が難しくなってきたからで、遅刻する事は鉄男の性質として許さなかったからである。

　こうして語学を進めた。一通りスラスラと話せるまでに熟達した。

「あなたお上手ですわ。楊先生と話していらっしゃるの、何の事だかさっぱりと私には分からないけど、そんなにお上手になって何にお使いになるの」

「アッ、ハハハハ、上手に見えるかい」

「でも何にお使いになるのかしら」

「満洲に住むには支那語が必要だよ。現役を辞めたら満洲の百姓じゃないか。百姓の子供は百姓が良い。狭い内地なんかでは大百姓にはなれんからな」

「それじゃ私も…」

「女は覚えなくても良いよ。それに久子や佳子が居て忙しいのに。百姓は先ずわしが先になるから」

鉄男は既に夫人にも現役を辞めた後の事は話してある。だが家庭では話の限界を守って、役所の仕事話とか一切言わなかった。持論の満蒙開発論も家庭ではしなかった。今、胸に描く計画も前途多難が予想される。徒に披露して無用の心配をさせたくなかったからでもある。それで軽く百姓の語学と納めているのである。


だが、この語学が鉄男の脳裏では遠大な計画の入り口となっていた。支那人との談合が先ず必要だ。一々通訳を通して話しているような事では問題にならぬ。文字をたどたどしく解釈するようなことでは問題にならぬ。支那文字との接触も必要だ。文字をたどたどしく解釈するようなことでは不便である。支那人を訪問する。公館に用を達す。たどたどしい語学では間に合わぬ。資料蒐集《しゅうしゅう》、調査、研究、やっぱり唖《おし》の計画ではまだるいし、脳裏からの計画を実地に生かす用意のためだ。

曾てシベリアに出征した折、あの広漠たる平野に着目して得た構想、今満洲に在って、その構想は描かざる書家の構想であってはならぬ。シベリア植民地は或いは描かざる構想だったかも知れぬ。だが満洲植民地はそれではならぬ。現に鮮農は立派に耕しているではないか。

「耕せば実る沃野なのだ」

思えば長い間の構想だった。

「その沃野が有り余っているのだ。どうしてこれを耕すか」

それが鉄男の計画だ。鉄男の性質として生半かな実行は許されぬ。完璧な計画を以って実行しなければならぬ。その為に鉄男は語学を必要としたのだ。

一方、暇があれば付近の農業作事を見学研究することを忘れなかった。大陸では内地の様な小農法ではない。水利法、耕作法、全て内地と違って大農法である。

勿論、気候、風土、土壌、皆内地と異なる。出来る作物からして大きい。大人が一抱えもするような南瓜が出来、大根が出来る。

鉄男は見て歩きながら、満人農夫に話しかけては必要と思われる点はメモに取る。ただ漫然と散歩するのではない。そして調査資料を集めるのだ。

鉄男は奉天神社の前にある**勧業公司（東亜勧業株式会社）**によく出かけた。ここは鮮農を指導し、その農場を管理する会社であるが、鉄男はここで鮮農の移民状況を研究した。鮮農の満洲に於ける農業法を調査した。そして、ここことは常に連絡を取っていた。この勧業公司の農場の一つが奉天から七里ばかり離れている公太堡《こうたいほ》という部落に在った。

丁度九月の終わりで、稲の刈り入れ時であったが、それが例の鮮農圧迫から刈り入れを放棄しなければならない有様であった。内地の小作争議のように立ち入り禁止で、これも官憲が地主支那人に干渉してその手段を取ったものだ。

（資料６）満洲の荒野に立つ東宮鉄男（出典：『東宮大佐傳』）

その報告を受けた鉄男は憤慨した。

「よろしい、わしが解決してやる！」

そして一日、中隊の神田中尉、森中尉等と共に一個中隊を率いて、公太堡行軍をやったのである。そこは初めての行軍でもあったが、日本の軍隊が来るというので、沿道の鮮人部落などは大喜びで、途中要所では演習をやりつつ、公太堡より一里ほど手前では更に演習をやる。それは何のことはない示威だ。すると公太堡からは鮮人小学生が手に手に日の丸の旗を持って迎えに来る。一里の道には鮮農が喜びのあまり列をなして迎える。その中を堂々と公太堡へ乗り込んだ。

到着と同時に土地の有力者と会見、食事を共にしながら、その席上日支親善協力を一席披露におよんでから、更に声を一段と大にし、

「公太堡は奉天より七里、鳩で通信すれば二十分、馬でも四時間を要さず、日本軍の強行軍を以ってすれば四時間で到着できる。我が守備隊が奉天に駐屯することは公太堡の安寧を保つ上に意義深いものがあると信ずる」

と一席ぶった。支那語が役に立った。これでは立ち入り禁止をやる訳にはいくまいと感じられた。鉄男も時にこういう快々的芝居もやる。

その帰途、

「今日の日支親善論は痛快でしたなァ。さぞ地主連も驚いたろう。中隊長殿の語学は中々堂に入ったものですなァ」

神田中尉も実は鉄男の快々芝居には驚いたのであった。

「鮮農が可愛想だからなァ。しかしあの小学生の歓迎には涙が出たよ」

「全くです。現地を見て、あの見渡す限りの水田を横取りしようとは怪しからんにも程がある。しかしあれで薬が効いたでしょう」

「水田もああまで立派に実ると実際気持ち良いね。全く黄金の波だ。あれを見て、僕は何だか今日が満洲に来て一番愉快な気持ちだよ」

と、鉄男はすっかり喜ぶと同時に鮮農の腕前にすっかり感心してしまった。何十町歩か、何百町歩か知らないが、一望見渡す限りのあの水田を開墾し、あの羨ましいばかりの収穫を得るのだ。この事実、実はそれは鉄男の計画の一項目に該当しているのだ。だから一番愉快な日なのだ。

鉄男は、任務の合間を利用しつつ着々と満洲農業について調査し研究した。先ず自身でも百姓になるつもりで、田畑ばかりでなく、綿羊の飼育法まで研究した。

「俺は予備になったら、満洲で十町歩の農作と綿羊の飼育をやる」

「俺は恩給で隠居生活などはしないよ。恩給も退職資金も注ぎ込んで百姓をやる！」

そして、よくそう人にも語った。勿論、自身が田を耕し、綿羊を飼うという事は宿志の一つだったが、しかし、行わんとするところは単に自分一個の帰農生活ではない。日本民族を大陸に移して、国家永久の繁栄を図ることにあった。大陸に民族の種子を植え付けることにあった。

当時、日本の朝野では将来の人口問題と食糧問題とが憂慮され、その対策が論議されていた。北米既にその門戸を閉じ、南米にまた制限され、南洋振るわず、所謂海外移民問題が難路に遭遇している時代であった。

然るに手近い大陸に着目する者もないという、謂わば論語読みの論語知らずという論議時代であった。

尤も、満洲といえば馬賊と酷寒とが先入観となっている人々に、満洲移民というようなことは最初から想像も及ばなかったことかもしれない。また悪いことには論議する人たちの多くは、机上の論議は重ねても出向いて対策を講ずるという勇気はなく、況や自身移民となって渡航し、土着するという勇気も持ち合わせていないのだ。

移民といえば、暑い土地で一年か二年で一財産を作る収穫を得ることが先決条件と見られているような時代で、つまり海外発展とは個人の貯蓄法に過ぎず、所謂出稼ぎ根性に支配され、民族の永久なる繁栄をその発足点に置くという国家的思想からではなかった。要するに根本は一攫千金を夢見る成金主義に出発しているからである。

曾て一九一四（大正三）年、満鉄の計画で守備隊の除隊兵から満洲沿線の定住農業者を募集し、土地の貸付、農舎の建築、農具の購入、経営の指導等までに及んで、資金の貸与、補助という好条件で三十四家族を移住せしめ、また関東庁でも錦州付近に水田耕作を主とする移民十九家族を募集し、同じ様な好条件を与えて、満洲開拓の見本を作ろうとしたがまんまと失敗した。

満洲側移住民の三分の一、関東庁側は十六戸という退耕者が一年で出てしまうという状態で、その後続者もないという有様だった。

その原因を探ってみると、いずれも詰まる所は一攫千金主義にあった。勿論満洲の土となろうという考えからでなく、忍苦してもやり遂げようという意気のあるでもなく、中には耕地を支那人に転貸して小作料の差額を窺うというような者も居て、残るのも両者で二十余家族、この結果から満洲では日本人の農業は成り立たないとされてしまった。成り立たない仕事をするより食べる仕事に就くことだと、その人たちは役人となり、商人となった。戦後満洲には日本の会社が建ち、銀行が建ち、商店が建ち、それらの勤務者、商人、或は官公吏になり在留する日本人は多くなった。しかし農業を営む人は先ず無かった。もちろん移民などいなかった。

一八九四（明治二十七）年に公布された**移民法**によれば、

「移民と称するは労働に従事するの目的を持って、清韓以外の外国に渡航する者及その家族にして……」

とあって、満洲移民は政府でも認めていないのである。

一八九八（明治三十一）年十一月の農商務大臣の諮問機関である農商工高等会議では、現在の日本は資本を伴う植民を行う国力を持つに至っていないとして、現状の出稼ぎ目的の移民については奨励せず、すでに海外に出ている移民についてその権利を保護するという政策が決定された。

だから満洲で農業労働者が成り立たないのも無理はないのである。

指導者がなく、識者がなしでは満洲農業が成り立つ道理がなく、好む者もない訳だ。在満邦人に農業を求める者のないのは当然だ。従って官公吏は任期を終えれば帰国し、勤務者は内地勤務を希望し、商人は金を作って子供を内地に勉学させる、という具合で満洲に永住しようという人は自らない訳で、況や骨を大陸に埋めようという人などいなかった。

「これは大陸の土地を土台にしないからだ。土地に無関心だからだ」

「我々の先輩は日清、日露の両戦役に血を流して皇運を扶翼《ふよく》し奉り、民族の将来を築いてくれたに拘わらず、日本人の多くは皆官吏を欲し、商人となり、土着して先輩の霊を慰めようとする者が少ないのは実に残念である。今日斯くの如く日本人が大陸から排斥されているのも、結局身から出た銹である。このまま放棄していたら、我々の先輩の霊は地下で慟哭するだろう。我々は是非この土地に土着することを考えねばならぬ」

これが鉄男の大陸の土地を耕さんとする信念であった。そして、この信念を常に部下に教えて止まなかった。

「満洲で百姓になれ！　家庭で用のない者は俺と一緒に百姓になれ！　準備は俺がするから付いて来い！」

そう言って、部下に帰農生活を説き、他日の同志を集め、機会あらばその準備を怠らなかった。

鉄男のこうした言動は了解されざる者からは**移民狂**と言われ、

「そら、また移民狂が始まった」

と、隊内の噂話となっていたのである。

正直に言うなら兵隊たちにとっても「移民」は重要問題でもなく、また鉄男の雄健なる肚裏を理解するほど大陸移民の重要性が呑み込めているのではない。識者の間にすら取り上げられていない問題なのだから無理ならぬことだ。大陸への移民なぞというそのこと自体が未だ地中の存在なのだ。理解無き者から見れば「移民狂」は蓋し適評だ。

鉄男にとっては移民狂であろうとなんであろうと頓着するところではない。鉄男は若い青年が欲しかったのだ。若い部下の兵士の中に共鳴を求めたのだ。現地除隊の兵をそのまま大陸の土地に置きたかったのだ。

鉄男は除隊期になると志望者を募った。未だ進んで志望者となるほどの者もなかったが、珍しく野田一等

卒が、
「内地に帰っても別に用のない体なので、こっちで何か働くつもりであります」
と相談を持ち出したので、鉄男は早速この野田一等卒に説くと彼はやってみるというので「それじゃ、この東宮に任せろ」と返した。

後日、鉄男は野田を北陵にある榊原農場に入れた。

「俺がやるまで榊原さんの所でやって居てくれ。俺がやる時にはお前に指導してもらわらなければならんから、ご苦労だがしっかりやってくれよ」

着る物や小遣いまで与えて、鉄男は野田を激励し、榊原農場の主人政吉翁にも懇々と依頼した。こうして一人でも二人でもその時までに百姓の養成をしておく意図だったのである。その為に平素から例の鮮農圧迫事件を救った勧業公司や、この榊原農場には連絡を保って、日曜などには部下を連れて訪ねて行ったりした。

榊原農場の榊原政吉翁は、大正時代から北陵《ほくりょう》（奉天の中心部から北にあることからつけられた通称で、正式名称は昭陵《しょうりょう》といい、清の初代皇帝である太宗皇太極《ホンタイジ》とその妻の孝文端《ボルチキット》皇后の墓がある所）に農場を経営し、水田開墾をやっていた。

変わった老人で、鉄男の様な気骨ある将校の訪問を喜び、訊ねれば若者を凌ぐ気概を示して天下国家を論ずるという人物であった。在留邦人の一部からは山師などと悪口を云われたりしたが、農業経営に没頭しながらも抱負は大なるもので、鉄男の大陸開拓については絶対の共鳴を表しているのだった。

（資料７）北陵　－上段：1913年撮影、下段：1945年撮影－（毎日新聞社提供）

この老人が水田の開墾法を教えて、

「鮮農を使用するのが良い。わしは鮮農を使ったが、とにかく満洲に来る鮮農はよく働くし、支那人では水田は駄目だ。日本人も駄目だ。日本人は監督をすれば良い。貴下に鮮農使用を一案として御参考に供そう」

「自分は部下の除隊兵を集めるつもりであるが…」

「しかし、北満でやるには日本人は出かけまい。そこへいくと鮮農は北満であろうが何處へでも行く。実に勇気がある。どうも日本人は場所の選り好みをしていかん。それに満鉄沿線の空気が沁みこんでおって、奥地を毛嫌いする。此れが発展せん原因じゃ」

政吉翁は流石在満三十年といわれるだけ、そして永い水田経営の経験から、その方の実地には明るい。鉄男もこの政吉翁に教えられて、鮮農使用の件は最初の計画案の一つになっていた。兎に角自分一個の発案と計画で、後年の大規模な大陸開拓移住にまで進展していない当時とて、結局移民にしても問題は「人」である。人を如何にして集めるかということが最大の用件だった。政吉翁の言うように日本人は奥地に行くことを嫌う。内地の農家から北満に人を集めるということは場所が場所だけに先ず不可能であろう。しかしその不可能を可能としなければならないのだ。それには先ず安全な土地を提供しなければならない。北満に先ず安全な土地を作ることが先決要件である。

「それにはやっぱり除隊兵を集める事が良いと思う。匪賊にも備える必要からいっても…」

鉄男は、あの明治初年における北海道の**屯田兵**《とんでんへい》を目論んでいたのである。農と兵を兼ねることを実際問題としたのである。

「武器は軍に申請して借りようと思って居るんです」

「それにしても人数の点じゃ」

「旧部下の除隊兵から動員すれば二百名くらいは集められると思う。それに満蒙に理解を持ち、自分の趣旨に賛意を示してくれる予備将校も二十名いるし、先ず最初はこの屯田兵式でやろうと思ってます。この人達なら同志的結合で行けるし……」

「しかし、百姓仕事というものは中々経験が要る。種子一つ蒔くにも経験でのう。わしにすればそれだけの同志を中心に一万人の鮮農を駆使する。尤もこれは早く利益を挙げるためじゃが……」

政吉翁に言わせれば、過去幾年となく清朝の歴代陵墓の所在地としては名高いが、奉天北郊の荒蕪地だった北陵の一角に水田を開墾してきた経験から、北満の開墾が並々ならぬ困難を伴うことが予想されるのである。

鮮農のように圧迫されながらも、一つの土地を失えば更に次の土地に移住して耕すという執着が日本人にどうだろう。満洲に来る日本人の多くは永住が目的ではない。己の利己心の対象として満洲を選んで来る。土地を耕す者にとって功利を追うことはなりより禁物である。

それにもう一つ土に鍬を入れたその時から収穫を算用していることだ。三年や五年は不作を予想して土地と取り組む辛抱さがない。最初から利益を目論んでいる。これが外地移民の通弊とされている。そういう人間に満洲を耕せというのは無理である。のみならず満洲の土地そのものが南米辺りと違って平和な土地ではない。匪賊の出没も元よりだが、軍閥の権政に禍されることが多い。榊原農場はそういう幾多の苦い経験を舐めて来た。

「民族的進出を図らないからだ。満鉄沿線ばかり土台にしているからだ」

結局、大陸の発展が満鉄沿線以上に出ない事が、日本の大陸経営を展開させない原因である。日本の当路に気概がないからだ。

「馬賊上がりの奴らに満洲を治めさせないで、神の使命を受けている日本民族がやったら良いじゃないか。自分一個の私欲以外に何物もない人間に、大陸の経営をやらしておくのが既に間違っている。満洲の独立を願うのでもない。満洲の繁栄を図るのでもない。ただこれ私欲のみ。こんな奴に大陸を治める資格なぞある筈はない。日本の北進策が満鉄一本を土台にしているようではなんになる」

熱すれば鉄男の言辞も過激だ。然し後に馬賊出身政権を倒して、そのような王道楽土の国家が出来たではないか。

「今の若い者は元気が無いというが、そういう人間は若い者に働かせて、己は楽をして得を取ろうという、こういう頭の所有者ばかりだから駄目だ。挺身して日本民族の先頭に立ち、乗り込んで来るものが無い。軍人でもそうだ。満洲に来て国家を思うならば、予備になったら満洲に乗り込んで来て、国家永遠の経営に挺身すべきではないか。その軍人が満洲を引き揚げたら二度と渡って来ない。そんなことでは駄目じゃ。満鉄の重役なら二度でも三度でも来る。だが同志を連れて再度大陸経営に乗り込んで来るという様な気骨ある人間が居らん。これで何の大陸雄志じゃ。わしは鮮農が偉いと思っている。彼等を保護してやったなら、素晴らしい水田が至る所に出来るじゃろう。それが近頃やたらとひどい目に遭っている。鮮農だからじゃ。これが陸軍の将官でも来て農場を経営してみろ、張だろうが誰だろうが圧迫する者はあるまい。況や日本の使命を担ってこの大陸に国の見本を行う。断乎として行えば鬼神も避くじゃ。張李の輩何かあらん。なァ東宮さん――」

談、大陸経営に至れば政吉翁の舌端熱と燃える。榊原農場が人も知る存在であると同時に、その主人公また烈々の気骨を蔵する人物。日本民族の将来を憂い、この好個の地に未だ日本の農業が進出しない事を憂い、その人なきに憂心迸るのであった。

鉄男はこの人に教えられること多く、政吉翁もまた鉄男の果敢剛直の気風に信頼するところ多く、両者の親交厚いものがあった。

こうして鉄男の満洲移民計画は一歩一歩前進した。農民として永久に満洲で暮し、子供をも農民たらしめること、移民の指導者また農民たること、鉄男は移民の労作を食い物にするような人物はその計画から抹殺した。不在地主は作らぬこと、指導者も移民も共に百姓であり、地主である。これでなければ成功せぬことにちゃんと着眼していたのである。その間些かの私的観念すら挿し挟む事はなく、自身一個を農民として計画し研究した。そして得たのが「武装自衛移民案」であった。

「日本の平和を願う者は、満洲の治安を望まなければならぬ。そのためには、自衛力を持った**在郷軍人**《ざいごうぐんじん》を移民として満洲に送ることだ」

農夫であると同時に、一朝有事の際は軍人として武器を持って起たねばならない。大きくは北満の国防線を守り、小にしては匪賊の来襲を防がねばならぬ。こうして得た結論が**『武装自衛移民案』**であった。

武装自衛移民案の調書は次々と増加して、土地選定のこと、生活のこと、作物のこと、あらゆる必要なメモが激務の合間に綴られて行った。それを整理して調査を整えた。

鉄男はまた「農業」を説き、「農民道」を説いて進めるのだった。農業の神聖さを知らず、愉快さも知らず、ただ漫然と就職した会社務めの労働などは、暫らくは続くが、直ぐ洋服を着、ネクタイをつけたがる。机と椅子で勤務したがる。除隊兵を周旋してみると大概そうした道程を踏んでいる。鉄男はそれでは駄目だと思った。

「これでは信念は生まれない。どうしても土着させなければ駄目だ」

幸い満洲除隊兵を糾合し得れば、大陸に対する情勢も知っている。指導如何と、軍人としての熱意を更に農民として続けて持ち得たならば、これほどよいことはない。こうして同志的結合が出来るならば、鉄男のこの思考は更に遠大なる発展を未来に求めていた。

「亜細亜民族の日本化」即ちこれだ。一つの足場から更に発展を求め、規模を広げ、やがて日本移民の輝かしい地盤が出来るならば、思想的に日本化し得る事が出来よう。漫々的な大陸の民族をして日本化し得る事は可能だ。優者の思想が他民族を支配する事は古来からの原則である。ここに移民としての使命もある。

「政治などは始終変わるが、土地に深く根を下ろす農民の思想は変わらない」

つまり政治に無関心であり得ても、移民の業績は彼等を引き付けずにはおかない。軍閥の政治などは大陸の農民にとってはどうでもよいのだ。というよりも無くてよいのだ。それより日本移民の団結的農業こそ彼等に興味を与えるに違いない。満洲農民に対しても研究を怠らぬ鉄男にとって、

「武よりも農だ！」

こうした断案を持っていたのだ。

「農を以て望め、農民道を行うことだ」

それを基に於いて発し、末に於いて求める鉄男の根本的観念だった。

こうして日本民族を大陸に植え付ける事が鉄男の描ける理想だった。

悠々として耕して行く農民の姿を見ては、農は国の基なりという千古不変の理を覚えずにはいられなかっ

たのだ。

「自耕土着農民を作る事だ。結局新しく日本民族が天下ることだ」

　結論はそこに在った。

　農業移民ばかりでなく、林業移民、鉱業移民、果ては漁業移民のことまでに考えが及んだ。内地と異なって、半年が農業期で、半年が農閑期である満洲にあっては、冬季の副業が大事である。

「綿羊を飼ってホームスパン（太い手紡ぎの毛糸を用いた手織りの毛織物）を作り、衣服の自給を図ろう。窯を作って瀬戸物を作るのだ。そうして移民地の荒び勝ちな生活を和らげるのだ」

と、兎角殺風景になりがちな移民地生活を考えて、鉄男はそういう方面の事までも設計図の中に置いた。


　この年、例の天下の耳目を驚かした**張作霖爆殺事件**が奉天で突発した。一瞬にして奉天の街を驚愕の淵に叩き落とし、人々は唖然として為すことを忘れた。

　巷には流言飛語が飛び交い、事態は日本人にとって穏やかではなかった。奉天守備隊長たる鉄男は直ちに中隊全員をそれぞれ部署に就かしめ、

「万一の場合日本人を守れ！」

と、泰然として此の大椿事に対処したのである。この時の鉄男には容易ならざる重責が掛かっていたのだ。如何にこの闇に処置したか、それについて、

「東宮中隊長の泰然たる態度、自若たる神色《しんしょく》（精神と顔）、周到機敏なる善後策は、唖然として為すところな

き日支官民の間に千鈞の重きをなしたことは見上げたものだ」

と、板垣征四郎大将が述べているのも見て頷けよう。

この事件から更に排日は煽られた。それは欧米に迎合する張学良が東三省に君臨するに至ったからである。張学良の排日振りは事新しくいうまでもない。親日派といわれる旧部下を退け、日本の実力を弁えず、不埒にも日本の勢力を満洲より根こそぎ駆逐せんとの野望に燃え、事毎に侮日排日の不法を執るに至ったものだ。楊宇霆、常蔭槐の親日派が張学良の為に銃殺されたのは謂わば日本への面当だ。

×月×日

楊宇霆、常蔭槐の情況を聞く為、城内森川先生及び森田民会長を訪問す。時、早朝総司令部に於いて銃殺せられ、楊宇霆は午後三時屍体を渡すとの報により取りに行きたるに、無残なる姿のままに渡されたりと。支那人は難を怖れて一人として楊邸に行く者なし、森川先生のみ行き処置せりと。張学良は兼ねてより眼の上のコブたりし楊の勢力を一掃する為に為したる業ならんも、張作霖以来奉天派の大恩人を私邸にて殺し、その死体を庭内に放置するが如き、武人としての情を知らざるもの、また宇霆の死一度伝わるや一族及び楊派の一味何れも難を怖れて遺族を弔問せず、況や一旗揚げ主の弔い合戦を為すが如きもの一人も無きが如き、誠に支那人の特性にて、吾人は切に日本人種の優れたる思えり。（東宮鉄男の日誌より）

こうして張作霖譜代の部下を亡き者にした学良は増長慢に走るのは当然だが、其れよりも学良が張作霖爆死の原因が日本側にあるとし、その復讐を伺っているという事実は覆うべくもなく、特に奉天における日支間の空気は所謂腫れ物に触る有様であった。学良一派が日本を白眼視していることはそれで分かる事だが、日本高級将校の一挙一動には絶えず白い目が光っていた。鉄男の日誌の中に出てくる森川千丈氏は城内に大東病院を経営し、医家として信用を博しているばかりでなく、古い在留日本人として支那側の高官に知己が多く、彼等に人望のある存在だった。特に軍人でないだけに都合が良かった。日誌にもある通り、この森川千丈氏が楊宇霆の死体に医家として手当を施したことは職務柄当然な事であるが、併しそれは日本人の気概を示し悲惨な運命に落とされた知己に対する手厚い情誼でなくてなんであろう。この森川氏が日一日と深まる周囲の空気に対して心配したのだ。

「このままでは不祥事を引き起こすかも知れぬ」

こうした心配に心痛めている所へ、鉄男がある夜訪れたものだった。鉄男は大した所用でなかったが、話題は必然その空気に触れて行く。

「東宮君、どうも困ったものだよ」

「益々のさばって来るようですね。しかし我々には情勢は分からんですが」

「いやいや。このままでは何日か破裂するばかりですよ。学良はあれ以来日本人には会わぬと言っているそうですしね」

「ハハハハハ。馬鹿な奴だ。尤も日本の当局者ももっと断の字を加えぬからだ。断の字が足りないです」

「併し東宮君、この病院内に武器弾薬を隠しているという噂には弱るんですよ。そんなことを言っているそうですからね」

「ハハハハハ。それは初耳だが、併し、そういう飛語が飛んでいるんでは、城内にお住まいだけにお困りですね」

鉄男はそんな噂は一笑に付し得ても、森川氏の立場には気の毒な感じだった。それだけ睨まれている訳だから、立場上無用の摩擦を避けたいのは森川氏の願いだ。まして張作霖爆死の原因が兎角噂されて、それが消えぬ折だけにつまらぬ噂は森川氏の立場を苦しめるのだ。

そうして、その夜鉄男が辞して帰ろうとした時、森川氏は言うのだった。

「実は此処へ軍服で出入りすると、見てますよ」

鉄男は一言もなかった。成程守備隊の軍人が軍服で訪ねては、これは迷惑かけることになる。

鉄男はその不注意を謝して辞したが、其れでも判るように日支間の空気は悪化の一路にあった。

それだけに守備隊の任務は中々でなく、油断も隙もあったものではない。鉄男はその間に処して粉骨の労を惜しまず、任務の万全を期したのだった。

有名なやかまし屋である水町竹三守備司令でさえ、

「東宮は傑物だ」

と信頼したほどだ。

××月××日
思い出多き昭和三年なりき。中隊長としての中隊の統率及守備勤務は前年に比して成績良好、愉快に服し得たり。特に東三省時局の中心に在りて、心行くばかり活動し、奉天守備隊の名声を挙げ、事実満洲に於ては我が中隊の独り舞台なりき。功績調査に於ても下士兵卒は大隊内の首席に位置せるが如き、中隊長として恐らく本年が余の黄金時代ならん。

鉄男自身としてもこう日誌に記している。人を統率するには身をもって当たる事だ。号令だけでは統率の妙を尽くすものではない。頑鉄と綽名《あだな》されたほどの鉄男が、峻厳ながら一方兵と共に苦労分かち合って、その任務に尽くしたればこそ。

一九二八（昭和三）年十二月二十九日、即ちこの日より満洲に青天白日旗が揚ったのだ。学良が敢えて国旗改正の策を執ったのは、日本への面当でなくてなんだ。排日を目撃し、青天白日旗を目撃し、東宮大尉の心中憤懣に耐えぬものがあったであろう。

それにしても、まるで他人事の様な記述で不可解な事である。が、それは恐らく『東宮大佐傳』が発刊された時期が大東亜戦争真只中であったし、当時の政府の正式見解が「**満洲某重大事件**」とし、一般国民には真相は秘匿されていたため、制限（圧力）を受けていたのであろう。

せめて、「東三省時局の中心に在りて…」とか、「奉天守備隊の名声を挙げ…」「我が中隊の独り舞台なり」等々と記し、張作霖爆殺事件に関与した事をほのめかしたのであろう。

では、ここで「**張作霖爆殺事件**」を他の成書から紐解いてみよう。

当時の中国は各地で軍閥が跋扈《ばっこ》しており、その一つ張作霖は北平（北京）に於いて安国軍政府を樹立し自らを陸海軍大元帥と称していた。馬賊出身の張が満洲の王者になれたのは全く日本軍の支援のお陰であったが、莫大な軍事費を捻出するために、日本人を満洲から追い出し、その権益を独占しようとしていた。張の圧政は苛斂誅求《かれんちゅうきゅう》を極め、満洲三千万の民衆は塗炭の苦しみに陥っていた。

一九二六（大正十五）年七月から蒋介石を総司令とする国民革命軍が北伐を始め張作霖軍を討つ事を目論んでいた。

北平にあった張作霖は本拠である満洲へ戻ろうとするが、張作霖の帰満が戦略に影響する事を恐れた関東軍もまた張作霖軍の武装解除を目論んだ。

然し、武装解除の作戦地域として想定した錦州は、関東軍の衛戍地である満鉄付属地からはずれる事から、派兵に当たり手続きの段階で関東軍と参謀本部、政府とで調整が取れずこの時点で関東軍は動きが取れなくなっていた。

そこで関東軍は派兵の為に既成事実を作って政府には事後承認を得ることとしたのである。

関東軍高級参謀河本大作大佐は、満洲制圧の好機が去ることに焦慮し、張を謀殺して武力発動のきっかけを作ろうと画策した。それが張作霖殺害であり、河本を中心に謀られた。

河本の指示で、爆破現場の指揮を執ったのが独立守備隊第四中隊長の東宮鉄男大尉である。

爆薬の準備・設置工事は、東宮大尉、同第二大隊付の神田泰之助中尉、朝鮮軍から関東軍に派遣されていた桐原貞寿工兵中尉らが協力して行った。

一九二八（昭和三）年六月四日鉄男は、事前に小部隊を率いて決行の地皇姑屯《こうことん》に潜み、午前五時二十三分張作霖を乗せた特別列車が奉天郊外約一キロの京奉鉄道線と南満洲鉄道線が交差する皇姑屯の鉄橋に差し掛かった所で、爆破のスイッチを押すことを奉天独立守備隊の大槻工兵中尉に命令した。

橋脚に仕掛けられた黄色火薬三十袋が炸裂し張作霖の乗る特別列車の八十号車両を含む四両が大破し、うち二両が爆破炎上した。張作霖は絶命せず密かに城内の妾宅へ運ばれ、ここで息絶えた。

河本らはこれを中国人の謀略と見せかけるために、中国人阿片中毒者を調達、殺害して、懐中に国民革命軍の印がある手紙を忍ばせ、死体を現場付近に放置する偽装工作を施した。

爆破事件の直接首謀者は、

関東軍参謀 河本大作大佐（計画立案）、

奉天独立守備隊 東宮鉄男大尉（直接担当）

朝鮮軍龍山の亀山工兵隊 桐原貞寿工兵中尉（爆弾設置工事等）

とされた。

田中義一首相は、同年七月一日付で村岡長太郎関東軍司令官を依願予備役、河本大作陸軍歩兵大佐を停職、斉藤恒前関東軍参謀長を譴責、水町竹三満洲独立守備隊司令官を譴責とする行政処分を発表し、翌二日に田中内閣は総辞職した。

しかし、大佐クラスの独断で出来る規模の謀略ではなく関東軍司令官からの命令であったといわれていたにも係らず、河本大作は主な責任を問われ、一九二九（昭和四）年四月に予備役、第九師団司令部付となり金沢に講せられ、同年八月停職処分という形で軍を追われたのである。

鉄男はこの事件の顛末が明らかになった後の一九二九（昭和四）年八月、岡山にある歩兵第十連隊第三中

（資料８）張作霖爆殺現場（出典：『新生日本外交百年史』）

隊長として国内へ転任させられた。逮捕されずに一時閑職におかれるのは、彼が偏に下級将校であったからであろう。

鉄男は退役の肚を決めていたが、その器量を惜しんだ岡山の歩兵第十連隊長小畑敏四郎大佐（皇道派の中心人物とされる）が慰留したらしく、鉄男は大佐に進退を一任した。理由は不明だが、退役は立ち消えの形になった。

岡山での鉄男は、中隊長着任の挨拶を営倉に入倉している部下の所へわざわざしに行ったり、当時の連隊標語は「真摯熱烈」であり、東宮中隊以外の各中隊のそれは「熱烈団結」「精誠真摯」等であったが、「よし、やりぬこう」という、凡そ標語らしからぬ言葉を示すなど、一風変わった振る舞いを見せたという。

この時歩兵第十連隊には後の兵隊作家のひとり棟田博が伍長勤務上等兵で将校集会所（士官倶楽部）当番長として勤務していた。棟田は戦後「日本陸海軍のリーダー総覧」に於いて、東宮は将校団に馴染もうとせず、他の将校も敬遠していたと回想している。

また、将校集会所の月例行事であった講座（将校が研究している分野を連隊長以下の幹部に発表する会）で、鉄男は『日本人農民移民策』という一風変わった内容の講演を行っている。後に「満蒙開拓の父」と呼ばれることになる彼の片鱗が伺える逸話である。

しかし勇猛果敢な中隊長で、その純情熱血はあらゆる人を感化し、上司の誰もが至誠の人と評価するようになった。また、人情中隊長として連隊中に知らない者はなく、他の中隊では東宮中隊を羨望したぐらいであった。

一九三〇（昭和五）年十月から六ヵ月間、鉄男は千葉の陸軍歩兵学校に甲種学生として在学もした。

ここで、鉄男の痛快なる逸話を紹介しよう。

鉄男は親しい人々との宴会の時などは大いに飲み、大いに語り、宴興になると、やおら立ち上がって諸肌を脱ぎ、

「鯉の滝上りッー」

と、大声を発し、ビールであろうが、熱燗であろうが構わぬ、頭のてっぺんからボコボコとぶちまけるのである。熱燗でもあろうものなら湯煙、いや酒煙がその禿げ上がった頭から、肌から、着物から、プーンといい匂いと一緒に、雫をまき散らすのだ。

これには今まで歌って騒いでいた連中も一遍に止めて、あれよあれよと口を開いたまま驚いていると、

「アッ、ハハハハ……」鉄男は笑って澄ましているのだ。

隠し芸も随分色々とあるが、恐らくこの痛快たる鯉の滝上りに至っては、鉄男専売特許の傑作だろう。これればかりは遂ぞ真似できないものだ。仕事ばかりではない、隠し芸に於いても、鉄男の独創だった。いや、綽名の頑徹和尚の一面の真骨頂躍如たるものといえるではないか。

岡山に在っても、鉄男の胸中に去来するものは大陸であった。然も大陸の動向日増しに険悪化して行く。

「戦争は必ず近くにある。戦場は満蒙だ。然し敵は支那ばかりではない」

鉄男はそう看破して、隊内に在ってはその言葉よりもっと確然たる敵性国の名を掲げて標語とし、鉄男が

中隊長たる第三中隊では実戦的訓練を施していた。昔のままの人情中隊長に変わりはなかったが、また頗る強情中隊長でもあった。

「戦争になったらおれは一番に出征するだろう。戦場は満蒙だ。満蒙には自信がある。その時にはお前達はこの中隊長に全て任して戦ってくれ」

そうして戦争を期して訓練を実施し、絶えず大陸の情勢には注意を怠らなかった。別れて来た大陸の同僚や、部下や同志や知人等が内地に来るときには、情報を持って訪ねて来てくれる。鉄男はそれがうれしかった。そういう人たちを迎えて、夜の更けるのも忘れて大陸を語るのが楽しみだった。

「俺は学校配属になるくらいなら、少佐で中隊長をしても良い、俺は中隊長で残って居たいものだ」

それは異動期になると鉄男の心配の一つになるものだった。戦争ともなれば配属将校は残されても、中隊長は真っ先に出征するのが役目だ。それと少尉以来育ってきた近衛師団へ勤務する事だ。この二つが鉄男の希望であり、心配であった。この強情中隊長にもそういう一面があったのだ。

×月×日
満蒙問題益々重大化す。万宝山朝鮮人圧迫事件の反響にて平壌では鮮人暴動、支那人五十名を殺害す。何れにせよ外交多事なり。挙国之に当らざれば大陸より退くより他に方法なし。

×月×日
午後中村大尉事件にて東上中の奉天特務機関長土肥原大佐殿を駅にて迎送す。満蒙問題より意外に大きくなりそう。

×月××日
奉天学良顧問柴山少佐の東上を駅にて送迎す。中村大尉事件にて在満日本人は頗る緊張ありと、去る×月×日出兵支那の責任を問う筈なりしと。
昨今日本の強硬なる態度に支那側急に軟化せらるらしく、これにては武力解決の機を失したるの感あり。

×月××日
昨夜より奉天事件勃発。徹底的にやるらしく誠に痛快なり。或いは吾人に出動の至るや。俄かに活気づけり。

×月×日
第一出動命令非ざるかと外出もせずに一日在宅す。

×月××日
事件拡大北満に及ぶ。満蒙の諸懸案を解決し、日本民族永遠の活路を開くの時機到来せり徹底的膺懲を要す。

×月×××日
満蒙問題に関し政府最期までやり通す腹ありや否や。吾人は眼を転じて東都の空を凝視せざる可からず。
日本民族死生の瀬戸際なり。

果たせるかな、奉天より火蓋が切って落とされた。柳条湖の満鉄爆破を敢えてした支那軍の挑戦により、ここに**満洲事変が勃発**したのだ。風雲到来を看破せる鉄男にとって、それは当然起こるべき筋合いにあったのだ。新京の北方六里の万宝山で、荒蕪の未開墾地三千町歩を水田とすべく土地を借り、水路を掘り、将に完成せんとするや、支那官憲は不法にも鮮農を退去せしめ、のみならず主たる鮮農九人を逮捕投獄したのである。その為に我が官憲の出動となり、支那側と大衝突を演じたのであるが、その復仇として朝鮮では支那人襲撃の暴動が起こり、更に蘇鄂《そかく》公府に於ける中村震太郎大尉および井杉延太郎氏虐殺の暴露となり、かくて爆発点に達した憤激が柳条湖爆破によって、事変の火蓋を切った訳だ。

この如き事変を予て期していた鉄男は、日誌にもある通り、再び大陸に立つ日を待っていたのに、岡山連隊からは一個大隊の出動で、鉄男はその出動に加えられなかった。

××月××日
軍旗拝受記念の佳辰に大命遂に下れり。

××月××日
出動編成第一日午前八時転出人員を送り出す。喜ぶべきのところ何故か泣きて一名ずつ握手して見送る。嗚呼、余は今日あるを思い実践的訓練を重ね、概ね自信ある部下を作り、今やこの部下を率いて満洲の野に活躍すべき時に彼等と離れるとは肩身の狭き思いなり。離別の悲しみ交々なり。沈痛の感に打たれる。

それのみではない。奉天時代の同志である神田大尉は既に出征し、斉斉哈爾方面の戦闘に従い、而も激戦を繰り返しているという。また小越大尉も吉林省独立軍顧問として渡満した。鉄男にとってそれは羨望に堪えぬことだった。

「せめて同志の活躍を望むのみ」

仕方ないことだった。

歓呼の声に送られて戦友や部下が出征した後に残る。これほど残念なことはない。

然るに天は鉄男のその心情をそのまま見捨ててはおかなかった。外でもない。岡山の連隊長からその夏の異動で陸軍省に転じた小畑敏四郎大佐から思いもよらぬ報知を受けたのである。それは**吉林軍の軍事教官**に決定したことであった。

「小畑大佐殿の御尽力だ！」

鉄男には一目でそれが諒解され、今も変わらぬ大佐の知遇に感激せずにはいられなかった。

小畑大佐との関係は、鉄男が岡山に赴任して来てから一年ほど部下としてであったが、その間、鉄男は大佐の英資に接して、

「陸軍出身以来二十年、斯かる英傑の部下たりし事は未だかつてない。しかも偶然その知遇を受けるに至っ

て、俺は岡山に来たことを悲観せずに済んだ」

と心服していたのであった。

実は満洲から岡山への転任については、活躍の舞台を取り上げられただけに内心悲観したものだ。正直に言えば、鉄男は着任してからも岡山という土地に好感を持てないのだった。

「連隊長一人が頼みだ。大佐殿の知遇に報いるため、俺は中隊長としてもこの一年間位真剣だったことはない」

既に満洲の地に馴染んだ鉄男にとって、正直に言えば、満洲に於ける活躍の天地が欲しかったのだ。

「俺を内地に置いても大した仕事は出来ぬ。俺には満洲に新天地を作る使命がある。満洲を新大陸とするのだ！」

この念願こそ、鉄男托生の意義を感ずるものだった。

小畑大佐にはこの意中をよく打ち明けた。また小畑大佐も良く鉄男の意のあるところを汲んでくれた。

「君は内地に置くべき軍人ではない。満洲で御奉公する人間だ。わしも必ず君の意中を心に置く。暫く待っていたまえ」

連隊長は鉄男のその心境を是とし、満州時代を是とし、しかし自分でも日本の往くべき方途について一家の意を吐露した。鉄男はこの人に理想の人物を発見した思いで敬服したのだった。だから春秋の筆法を以ってすれば、鉄男の鬱勃たる心境は、連隊長の英資これを去勢すとでもいうべきであった。

実は士官学校の教官にという内報を受けたり、東京部隊へ転任になるだろうという噂を伝えられたりして、いずれにせよ出征出来ぬことが予想されて、心中甚だ憤懣に堪えぬ折柄、傭聘《ようへい》武官であるから出征ではないにせよ、事変下の大陸に返り咲くことが嬉しかったのだ。吉林軍の軍事教官では戦野に武人の本懐を展ぶるよすがもあるまいが、或は鉄男の日頃の持論を認めて呉れて、寧ろ適所を選んでくれたのかもしれない。何にしても大佐の一報に、鉄男の心境は俄かに晴れ晴れとするに至った。

「指示を受けるために上京し、陸軍省軍務局に出頭すべし」

という師団からの電報命令がその後到着し、愈々《いよいよ》正式に決定した訳で、鉄男は直ちに、先帝陛下より近衛転出にあたり賜りたる恩賜の服地で謹製した秘蔵の軍服を取り出させて着用、上京して陸軍省に出頭し、荒木貞夫大臣、杉山元次官、小磯國昭軍務局長、軍事課長の永田鉄山大佐等に面接、親しく訓令、訓示、注意を受けて、宮城に参拝、重要任務に対し心中期する所を御報告申し上げたのであった。

小畑大佐にも暇乞いに参上した。

「結構だった。しっかり御奉公する事を祈ります」

大佐も非常に喜んでくれた。

「大佐殿の御尽力有難うございました」

「いやいや、小畑ではない。軍の上司が貴公の宿志を認めてくれたのじゃ。任は重いが宿志を果たすためには格好の時期と思う。どうか益々研鑽されるよう」

「はあ。自分もこれで十分の御奉公を致す覚悟であります」

「大陸は貴公の故郷じゃからなァー」

そして、大佐は何かと鞭撻してくれた。

鉄男にとっては師父にも慈父にも当たる恩顧ある渡邊金造中将も、今度の大陸行きを喜んでくれ、態々《わざわざ》帰途には東京駅まで見送ってくれて、短冊に和歌一首首途の手向けとして給わった。

「しっかりやってくれ」

「元気で…」

「活躍を期待するぞ」

「頑鉄ぶりを遠くで聞いているぞ」

そう言って激励の言葉を浴びせる曾ての近衛時代の同僚、或は伝え聞いて態々駆けつけてくれた部下、知人。

「御期待に応える！」

いずれの人も、いずれの言葉も、皆有り難かった。嬉しかった。感激がこみ上げる。鉄男にとっては言葉で答えるより、感激の眼を以って答えるばかりだ。

かくして岡山へ、否、遥かに望む大陸へ、今は既に新任務を双肩に担って晴れ晴れと行ける身だった。

仕事は山ほどある。希望は多大だ。

在郷軍人の集団移民の援護の下に行う朝鮮人の大移民。

屯田兵の研究。

望めば、遥か彼方に我が行かんとする経綸を待っている如くだ。

「その絶好の機会だ」

思えば胸に湧き上がる快事である。勇躍赴任せん。我が待てる地へ。

張作霖爆殺事件後、東三省を統一した張学良は満鉄の付属地に柵をめぐらし、通行口には監視所を設けて、大連から入ってきた商品には輸入税を支払っているにも拘らず、付属地から持ち出す物品には税金を取った。さらに「盗売国土懲罰令」を制定し、日本人や朝鮮人に土地を貸したり売ったりした者を国土盗売者として処罰した。その上、林業、鉱業、商業などの日本人の企業は、日露戦争後の日清善後条約で正当な許可を得たものは満鉄付属地外でも営業できることになっていたが、一九三〇~三一（昭和五、六）年には、一方的な許可取り消しや警察による事業妨害のために経営不振が続出した。

奉天総領事から遼寧省政府に交渉しても、外交権はないので南京政府の外交部に直接交渉するようにと相手にされなかった。外務省を通じて南京総領事が南京政府に交渉しても、いつまで経っても音沙汰なしであった。

満洲事変前には、このような日中懸案が三百七十件余りあった。危機感を抱いた関東軍は、再三に亘り交渉するが聞き入れられなかった。これらにより関東軍の幹部は、本国に諮ることなく、満洲の地域自決、民族自決に基づく分離独立を計画したのであった。

一九二八（昭和三）年十月に石原莞爾が関東軍作戦主任参謀に、翌年の五月に板垣征四郎が関東軍高級参謀になった。満蒙問題の解決のための軍事行動と全満洲占領を考えていた石原、板垣らは、一九三一（昭和六）年六月頃には、計画準備を本格化し、九月下旬決行を決めていたとされている。

柳条湖事件は、河本大作大佐の後任の関東軍高級参謀板垣征四郎大佐と、関東軍作戦参謀石原莞爾中佐が首謀し、軍事行動の口火とするため自ら行った陰謀であった。

一九三一（昭和六）年九月十八日午後十時二十分ころ、中華民国奉天の北方約七・五キロメートルにある柳条湖付近で、南満洲鉄道（満鉄）の線路の一部が爆発により破壊された。奉天特務機関補佐官花谷正少佐、張学良軍事顧問補佐官今田新太郎大尉らが爆破工作を指揮し、関東軍の虎石台独立守備隊の河本末守中尉指揮の一小隊が爆破を実行した。

関東軍は、これを張学良の東北軍による破壊工作と発表し、直ちに軍事行動に移った。事件現場の柳条湖近くには、国民革命軍の兵営である「北大営」があった。国民革命軍と称していたが、本質は匪賊と変わりがなかった。そのような軍隊だから、反乱や兵器の悪用を防ぐため、夜間銃器類は一括して格納されていた。関東軍は、その間隙を突き、爆音に驚いて出てきた中国兵を射殺し、北大営を占拠した。翌日までに、奉天、長春、営口の各都市も占領した。

関東軍はわずか五ヵ月の間に満洲全土を占領した（**満洲事変**）。

（資料９）柳条湖現場（出典『新生日本外交百年史』）

第二章　大陸再来

東宮鉄男は、一九三二（昭和七）年一月に着任した。満洲事変は既に第二段の作戦に移っていた。

二年前の奉天時代を顧みれば感激新たなるものがある。北上の途、鉄男は奉天に立ち寄って、新満洲の息吹を感じた。張二代の栄光を誇った居城奉天にも日章旗がへんぽんと翻っている。我が関東軍司令部は既に旅順よりここに厳然と進駐、見るは日章旗と、我が兵と、我が日本人、忽忙たる兵旅の中にも、ここには凍てついた水上にスケートを楽しむ子供達すらみえた。

東宮は吉林に急ぐ身であった。熙洽《きこう》の吉林政府に反抗する反吉林軍や匪賊を掃滅し治安の維持に当たる任務だ。その第一に鉄道を守備しなければならぬ。東宮は同行の濱田博大尉、中村光次郎、貞田源之助、赤木久雄、大川高喜の各中尉と共に、その月の十二日長春に着任、直ちに**教官長**として**吉林軍鉄道守備隊**の編成に当たったのである。

吉林軍顧問大迫通貞中佐と相談し、東宮は内地から在郷軍人七十名を呼んで、これら日本人を中堅として二個大隊を編成し訓練に着手した。

その頃満洲事変拡大期で、関東軍の哈爾浜攻撃が始まる頃で、まだ出動させるには訓練が行き届いていなかったが、東宮はこの新編成軍を掲げて寛城子《かんじょうし》停留所を占領し、東支鉄道の多数の列車を占領してしまった。これで哈爾浜進撃への輸送が十分になった。

東宮等の鉄道守備隊が、吉林、長春の上に、更に哈爾浜―長春間の東支線の守備も任せられ、その間に随所に剿匪《そうひ》出動の第一線に就き、正に吉林剿匪軍の前衛部隊たるものであった。

　当時、満洲は吉林・長春・哈爾浜を中心とした馬賊の本拠地であった。楡樹《ゆじゅ》付近には、吉林省独立を宣言した熙洽《きこう》に追われた張作相《ちょうさくそう》の弟張作舟《ちょうさくせん》が軍閥の残党を擁して控え、寳清県《ほうせいけん》付近には丁超《ていちょう》、依蘭《いらん》の李杜《りと》、扶餘《ふよ》の李海清《りかいせい》、陶頼昭《とうらいしょう》の双好《そうこう》、竝林《へいりん》の管轄とされた五常堡《ごじょうほ》の一帯には北満に名だたる馮占海《ふうせんかい》、営長海《えいちょうかい》、それに呪文を唱えつつ無茶苦茶に突撃するという刀槍匪《とうそうひ》など新満洲に敵対する反軍匪賊がそれぞれ各地に蟠踞していた。

　一方、**吉林軍**といえば独立以来の新編成によるこれまた野武士の寄合である。司令官となった**于琛徵《うちんちょう》将軍**が率いて匪賊討伐に向かうも立ちいかぬ状態である。粗製急造の**剿匪軍《そうひぐん》**など役に立たない。

　二月に至って、陶頼昭に蟠踞する頭目・双好《そうこう》が三千の匪軍を持って行動を起し、松花江《しょうかこう》の鉄道を破壊しようとした。東宮は直ちに守備隊一営を自ら率い、更に大川高喜中尉が一営を率い彼らを邀撃《ようげき》したのだった。更にそれから陶頼昭を追撃し、兵良く三千の敵を撃破してその半数を捕虜としたのだった。

　そして、この捕虜を後に独立騎兵四個大隊に改編し大川高喜中尉に指揮を委ね、東宮は頭目・双好の**帰順《きじゅん》**（反逆や抵抗をやめて服従すること）を策したのである。

　当時の時代に於いては、頭目、首領等の帰順が何より必要だった。彼らを野放しにしておけば更に匪軍を編成する。彼らを帰順させてこれを善用するにこしたことはない。鉄男は自ら頭目・双好を帰順せしめんとしたのだった。

　金でか、役でか、鉄男は双好に捕虜の一人を介して工作を開始したのであるが、双好は応ずる色もなかった。金にも役にも飛び付いて来る双好ではなかった。

「よし、それではわしが直接会おう」

そして、鉄男は単身彼を訪れて、双好を説得したのだった。

「今、満洲は建国なって新国家を作った。宣統帝が執政として元首になられ、王道を布き、国家とし、軍閥も執権も許さない。満洲に住む満族、漢族、日本、朝鮮の人間も平等に待遇され、平等に協和しなければならぬことになった。暗黒政治を排し、悪税を廃止し、悪習を打破し、法律を以って治め、軍隊は元首に属し、個人の手兵を許さぬ。今までの暴政を改め、その残党にして帰順せざるものはこれを討伐し、帰順するものはこれを用いる。政は道に基づき、道は天に基づき、新国家建設は一に天に従がい民を安んずることを旨とする、というのだ。新満洲国に入って働いてもらいたい」

鉄男は、既に対外に宣言した満洲建国を説いて、彼の蒙を拓くつもりだ。鉄男の熱意に負けたか、弁に説得されたか、また単身訪ねて来る度胸に押されたか、

「東宮大人に従いましょう」

と、遂に諾を承知したのであった。こうして双好は帰順することになった。

一九三二（昭和七）年三月一日、元首として清朝最後の皇帝愛新覚羅溥儀を執政とする**満洲国の建国**が宣言され、五日には満洲建国の式が挙行され、吉林は省となり、熙洽《きこう》は初代財政部総長となり、吉林省長を兼ねることになった。

満洲の独立は鉄男の多年の胸底にあったところであり、将にこれ溜飲の下がった事だろう。

その頃の日本での出来事である。

一九三二（昭和七）年三月、東京の中央亭の一室に、時の小磯国昭陸軍次官、永田鉄山軍務局長、今井五介（片倉組を創設。製糸を基盤とした片倉財閥の形成に尽くした。貴族院議員）、永田稠《しげし》の四人が会合した。

それより先に、永田稠は「満洲に農業移住させることは可能か」との問いに、「可能である。だが剣で取ったものは剣で取り返されますから鍬で開かねばなりません」（永田泉著『素晴らしい満洲日本人開拓団』二〇一〇年）と答えていた。

話題は満洲移民のことである。

小磯次官「じゃ満洲移民をやると決めるか」

永田軍務局長「中心人物は誰にしたらよいか」

今井が白髯をしごきながら「梅さんかな」と答えた。

当時、海外移住送り出し経験を持つ者はないに等しい状態だった。ドイツ、スイスなどに駐在した国際派英才の永田鉄山軍務局長は武装移民に反対していたので、梅谷光貞を関東軍移民部長に送り込んだ。アリアンサ建設で恩義を感じていた永田稠も関東軍嘱託として梅谷と共に参加することになった（ニッケイ新聞・コラム「樹海」深沢正雪より）。

一方、一九三一（昭和六）年農林次官に就任した石黒忠篤は、農業振興、農村救済に取り組み、戦前における農政の第一人者である。「農政の神様」と称せられ、彼が農商務省、農林省幹部として政策に関与した時期の農政は、「**石黒農政**」と呼ばれていて、政府としても政策に取り掛かっていた。

また、当時、関東軍には皇道派の東宮鉄男少佐ら勢力と、小磯國昭陸軍次官・永田鉄山軍務局長を中心とする統制派との対立があった。

ここで**梅谷光貞**を紹介しよう。

兵庫県養父郡畑村（現養父市）で、一八八〇（明治十三）年十二月二日生まれる。一九〇八（明治四十一）年、東京帝国大学法科大学法律学科（独法）を卒業し、同年十一月、文官高等試験行政科試験に合格。一九〇九（明治四十二）年一月、内務省に入省し警視庁警部となる。

一九一〇（明治四十三）年十一月、警視庁警視に昇進。以後、岩手県警察部長、栃木県警察部長等の警察畑の要職を歴任した。一九一六（大正五）年六月、台湾総督府に転出し、警視・民政部警察本署保安課長に就任。その後、警察官及司獄官練習所長事務取扱、台北庁長、総督府事務官兼参事官、新竹州知事などを歴任した。

一九二三（大正十二）年十二月、山梨県知事として帰国。富士山麓などの開発、山系の縦走路の改修などを行い、観光山梨の基礎を築いた。一九二四（大正十三）年六月、長野県知事就任後、自らの失政から警廃《けいはい》事件《じけん》を招き、一九二六（大正十五）年八月、依願免本官となり退官した。

一九二七（昭和二）年八月一日に誕生した**海外移住組合連合会**は、発足と同時に理事長には元ブラジル駐在大使田付七太を推し、専務理事には元長野県知事の梅谷光貞が就任した。

梅谷は同年十月二十四日、日本を船で出発して十二月十日、**ブラジル**に到着し、サンパウロ市のリベロ・バダロー街に連合会出張所を開設して、移住地の選定及び購入に当った。

一九三一（昭和六）年二月の任期満了までの四年間、ブラジルに在住し、調査に当って買収した土地は、

一　ソロカバナ線バストス、三万ヘクタール

二　ノロエステ線アリアンサ隣接地合計三千三百ヘクタール
三　ノロエステ線チエテ、十一万七千ヘクタール（パラナ河に沿う飛地二口を除く）
の三地帯で、その面積は合計約十五万ヘクタールに達した。

このほかパラナ州北部に購入予定の地三万ヘクタール。アリアンサ隣接地に七千ヘクタール、更にミナス・ジェライス州官有地払下げ十二万五千ヘクタールについて交渉を進めた。その中、パラナ州北部のトレス・バラスとアリアンサ隣接地は梅谷専務理事によって買収されたが、ミナス・ジェライス州のコンセッションは、次期の平野理事長時代に、移民事情が困難だというので打ち切られたから、現在の「**ブラ拓**」**移住地**と称するものは全部田付理事長時代に梅谷の手によって、基礎付けられたものというべきであろう。

梅谷は、移住地としてチエテ、バストスと共に、アリアンサの隣接地をも選定しているが、それはアリアンサの窮状を傍観するにしのびず、救済策として四移住組合の統一を目論見、そのために敢えてアリアンサの隣接地を新規に購入してこれに備え、或はまた予算にない融資を独断で計るなど、実に人生意気に感じての義心任侠は、アリアンサ全移住者の肝に銘じたところであった。

梅谷はチエテ、バストスの土地購入を機として急遽帰朝し、時の駐伯大使有吉明、サンパウロ総領事赤松祐之等の強い支持によって、一九二九（昭和四）年一月、「**有限責任ブラジル拓殖組合**」（「**ブラ拓**」）を設立することが決定し、直ちに欧州経由再びブラジルに出張。同年三月二十五日、有限責任ブラジル拓植組合が成立した。

海外移住組合連合会の理事長になった平生釟三郎によって、アリアンサ建設の功労者・梅谷は、必死に進めていたパラグアイ拓殖計画を蹴られて専務理事を一九三一（昭和六）年に辞任している。

一九三二（昭和七）年四月、梅谷は陸軍少将待遇で渡満した。同年十一月関東軍嘱託となり、初代特務部移民部長として一九三五（昭和一〇）年二月まで就任した。

一九三二（昭和七）年四月十五日公布の「陸海軍条例」により、**満洲国軍**が創設された。当初は当時の軍閥の軍隊に関東軍からの顧問を据えただけの構成であり、その主要任務は「国内ノ治安並ニ辺境及江海ノ警備」であり、軍隊というよりは関東軍の後方支援部隊、或は警察軍や国境警備隊としての性格が強かった。また、同年九月十五日締結の「日満議定書」には、満洲国の国防を満洲と日本の共同で担うべく、日本軍（ここでは関東軍）の駐屯を公式に認めている。これによって「関東軍」と「関東軍の支援軍としての満洲国軍」が公式に成立した事になる。このように満洲国はその防衛の殆んどを日本軍が担っていた。

満洲国は、日中戦争開始までの最初の五年間は国家としての体制作りの時期であり、満洲国軍についても随時増強が進められている。

満洲国軍には創設当初から日本人が顧問、教官として所属していた。軍事顧問以外の部隊長等にも日本軍から転籍してきた日系軍官が配されることがあった。

鉄男は、よく討匪行の時など、休憩の折には二十銭ずつ煙草銭を一人一人に振る舞ったりして、烏合の衆の様な彼らを喜ばしたり、

「もし反乱する時には必ず顧問を殺してからにせよ。顧問を殺してからでなく反乱した場合は、事の如何を問わず全部死刑に処す。顧問はお前たちの父だ。決してお前たちの意に沿わない事はせんから」

と、またそう厳命し、顧問である自身の生命をも挺して彼らを指導するその教育は、相手が相手だけに生易しいことではない。十銭か十五銭あれば一日暮らせるという彼らにとって、二十銭の煙草銭は少額ではない。そういう些細なことまで気を配って吉林軍を育てたのだった。

吉林軍第一歩の編成から、当時烏合の衆にも等しい軍を率いて討匪行に東奔西走し、大いにこの功績を挙げた事が後の大なる満洲国軍を作った基礎を為したことを思えば、鉄男の功業また偉大なるといわざるを得ない。それだけにその苦心はまた大なるものであったのである。

「東宮大佐こそ満洲国軍の恩人である」と後に言われた如く、建国の恩人であると共に、また国軍建設の礎石を建てた恩人なのである。

討伐教官は外が好きだった。同僚は鉄男の事を討伐教官と呼んでいた。

「俺は討伐が性に合っている。どうもこの髭面は討伐型だよ」

下顎に伸ばした無精髭を撫でて可々と笑う。そして相変わらず、

「教官の方は宜しく頼む！」

そう言って、次々と匪賊討伐に出て行く。

鉄男は司令部の隊務や、帰順兵や捕虜の編成や訓練をするよりも、敵を追って北に駆け、東に馳せるのが好きだった。

三月より四月にかけて江東《こうとう》に作戦し、剿匪軍と守備隊の一部を率いて王勇《おうゆう》匪五千を追撃し、その兵站延壽《えんしゅう》県《けん》を占領して黒龍宮に入った。

頭目・王勇は東方の山中に逃げた。だが中々要領のいい男で、

「後から此処へ来るのは東宮匪《トンゴンヒ》である。非常に恐ろしい悪い奴だから用心しろ。金も米も女もみんな隠してしまわないと、みんな盗られてしまうぞ。東洋鬼《トンヤンキ》だから怖いぞ。聞いたら西へ行ったと言うんだ」

と、大いに逆宣伝して行った。鉄男の討伐方針は成るべく帰順させ、その土地の住民は宣撫する事だった。匪賊でも使いようによっては役に立つ。住民にも今迄のように誅求するばかりではならぬ。安民の道を講じなければ可哀想だ。

「住民を大事にせよ。乱暴したり、物を盗ったりしてはならぬ。強奪をするものは銃殺する。欲しい者は金をもって買え」

こう言って常に訓えている鉄男を、東洋鬼、東宮匪にしてしまった。

「東宮匪とはひどい奴らだな」

これには鉄男も呆れてしまった。

「おのれらいい子になってぬけぬけと逃げ出すとは、要領のいい馬賊だわい」

呆れたり、失笑したり。

延壽県方面の討伐を終ると、四月十二日哈爾浜に帰着した。

東宮は、満洲国の誕生により、**満洲国陸軍軍事教官**と肩書きだけ変わって、**満洲国軍政部の創設**により、それに所属することになった。

更に**吉林軍の軍事顧問**として、また**満洲国軍政部顧問**として、満洲国軍のそもそもの出発である**吉林軍の育成**に当たった。

松花江の東から牡丹江《ぼたんこう》の東部一帯は江東十二県といって、北は黒龍江の対岸にソ連を望む綏遠《すいえん》から、同江《どうこう》、富錦《ふきん》、依蘭《いらん》、賓清《ぴんせい》、勃利《ぼつり》、樺川《かせん》、方正《ほうせい》、饒河《じょうが》、虎林《フーリン》、密山《みつざん》、穆稜《もくりょう》の十二県があり、ここに李杜《りと》、丁超《ていちょう》の反吉林軍が蟠踞していた。その数三万といわれ、于琛徴司令の配下の吉林軍の一部と、満洲事変で出動した日本軍の一部とで治安を保っていたが、この一部の日本軍も漸次撤退する時期にあった。日本軍が撤退すれば治安が保たれぬことは判っていた。

五月になり、東宮はこの李杜、丁超の反満軍を討伐しなければならなかった。

一方、竝林《へいりん》、五常《ごじょう》の馮占海《ふうせんかい》、営長海《えいちょうかい》の連合五千の南下が機を窺っていたので、こちらの方は討伐教官の大川高喜中尉に討伐を任せた。

大川中尉は東宮公館に投宿していた。

東宮公館とは、長春付属地の東三条通りにある鉄男の借家で、支那流に云うから東宮公館だが、実は鉄男を慕う者の梁山泊に過ぎない。若い変わり者や熱血児が宿している中に、大川中尉も同居しているのである。

東宮公館内規には、

　同志は宿泊を望む

気の毒な人は一時宿泊を許す

女は館主の許可せる者のみを宿泊せしむ
男らしきなき者は排斥す
宿泊者増加するも食費は定額を増やさず、人員多き場合は粗食するものとす

とある。

鉄男のためなら生命をも投げ出すという意気の公館員は、この五条を守った。

鉄男が公館を依蘭に移してからも十人余りの公館員と行動を共にした。そして相変わらず内規の通り起居を共にし、粗食を共にし、共に国家の捨石たらんとの熱意を抱いていた。

「一つの私心があっても、国家の為に真に捨石になれぬ」

鉄男の公館員に対する教育方針はそこにあった。

連絡、匪情偵察、戦闘参加、側面工作、と数えれば種々の仕事に公館員は適任であった。

「一事遂行」それを標語として、一仕事引き受けたなら必ず遂行する事、困難なる仕事をも必ずやり遂げるまでやらせた。

鉄男の奉天守備時代の門下生になった山田與四郎青年も今はこの梁山泊同志の一人で、大川鉄騎隊の参謀である。

五月九日、鉄男は吉林剿匪軍と皇軍駐屯部隊を率い、依蘭地区粛清のため哈爾浜を出発、松花江を下った。依蘭の手前ワァヘンに上陸して敵情を探るに、匪将李杜は日本軍襲来を怖れて依蘭より退去していた。直ちに依蘭に進撃、十六日三江省依蘭に入城した。

この地は李杜多年搾取の地で、牡丹江との合流点で水産、農畜産、鉱産等を置く力の集散地で賑やかなる

所で、付近に大森林を擁して林産特に多く、日本の木材商も時にやって来るそうだが、それよりも水は豊富に拓けた眼の続く限りの平野であることだ。鉄男の眼に映ずるものがあったのであろう。

情勢を探ると李杜は、アヘンと砂金を捲き上げて富錦《ふきん》に落ち延びたようだ。この辺の奥地には無人境があり、烟匪《えんひ》と称してアヘンを栽培する匪賊が無人境に余人を入れぬ社会を作っているので有名だった。


兵隊達もここらあたり更に川幅を益々広げ悠々と流れる松花江を見、江岸遮るもの無き一望、見る限りの大陸風景を見、流石にこの辺まで来ると北満の風景もまた趣が変わって来るのだ。富錦の街もぽつんと荒野の中に置かれている。ただ、天地の広大さのみ眼につくのだ。

「流石に広大だね。長春、哈爾浜あたりを見ていると、ここは河と空と地だけの世界だ。内地と比べるとね。しかも草原だ。畑もないというのだから、広大じゃないか。こんなところに来て荒野の王者を気取るのも悪くないね」

部隊は再び依蘭に戻り、ここに**依蘭警備司令部**を設置し、江東地区の治安を任ずることになった。

そして鉄男は一部隊と共に此処に駐屯し、付近一帯の土地土産等の調査を怠らなかった。

ここに求る所があったのだ！！！

六月十九日、依蘭を発って上航した。既に帰途、征衣は軽く、船上はにぎやかだ。

鉄男は、

「日本民族の移民はここだ！」

と絶叫したのであった。そして去り行く依蘭地帯の茫々たる一望の野を指して、

「あれを耕すんだ！」

「水あり、地良し！」

北満の天地を馳せつつ、鉄男はその地に年来の宿志を描いていた。幾度となく上り下りする松花江の沿岸を見ては心躍った。幾十幾日となき討匪行の行く手行く手を眺めては又心躍った。そこには宿志の限りを描いても、未だ有り余る地が遊んでいるのだ。どこに第一着手を下ろそうか、それすら迷う程地は肥えているのだ。

「やっぱり北満だ。だが……」

鉄男は年来宿志の地を北満に決定したのだった。曾て一度は安東県にも着目した。南満にも求めてみた。併し今は北満より他は無かった。だが、そこにはあの無数の匪賊が出没する。一歩国境を望めば、そこにはソ連のトーチカが銃口を突き付けている。開拓と治安と国防とは、今は別個に考えられぬ問題となった。

夢は破れず、曾ての大陸への夢はこうして進展して行った。駆け巡る身に映るものは現状だった。北満の現状に即した計画が出来て来たのだ。

その頃、哈爾浜には特務機関の横井少佐が、青年連盟や満鉄関係の人達と共に北満啓蒙運動に従事していた。

鉄男は、ある日特務機関に横井少佐を訪れたのだった。少佐は近衛三連隊時代からの先輩である。

「横井さん、ちょっと内緒で聞いて貰いたいことがある」

そうして、鉄男は計画を打ち明けたのだった。

「どうも北満の開発と国防問題を考えるに、軍隊の匪賊討伐や警備ばかりでは満足とは云えぬ。討匪行動を軍隊のみに任せるということは、数に限りある軍隊で、広地域に散在している匪賊に対することになるから、その目的を達する為には常に移動しなければならぬ訳だ。時間的にも費用にも無駄がある。そればかりではない。万一国境に風雲を生ずるような場合、その為に軍の力を薄弱化するところさえある。こう考えてくると、軍隊のみに頼っていたのでは奥地の開発ということは容易ではない。寧ろ百年河清を待つ恨みさえある。そこで種々考えてみたのだが、この際武装移民団を作って北満の開発に当り、匪賊に対しては軍隊を俟《ま》たず自衛を図り、一方地方民の宣撫に当たらせる。また一朝有事の際は武器を取って当たらしめる。丁度昨年来日本の東北地方は不作で農家も困っているということであるから、この方面の在郷軍人を北満に集めて武装移民としたいと思うのだが、横井さん、どうだろう」

「成程、実は僕も初めて言われて気が付いた位で、お恥ずかしいが、そういう方面の知識がない。何しろ着任して間もないし…」

　横井少佐も実は初めて聞くことだ。併し問題が大きすぎる。鉄男の意図を計りかねて、

「それは結構な案だと思うが、併し実行となれば第一に土地は何処にするか、実施の担任はどうするか、種々具体的となれば、問題も軍のみという訳にもゆくまいし、内地の関係各省との交渉もいるだろうから、容易な事ではあるまい」

　只そう言う外はなかった。

「自分としては土地も予定してある。また移民団の編成組織等も考えてみた。良いと決定すれば何処が主管となってやっても構わない訳だが、兎に角自分では充分案を練った心算だ。然し自分一個の考えであるから果たしてこの通り出来るか否か、実はここに計画書を持って来たので、遠慮なく判断していただきたいんだ」

鉄男はそう言って分厚い計画書を少佐の前に置いた。

少佐は一通り拝見して、

「至極結構じゃないか。何故これなら軍の方へ意見を具申しないのか」

「そこなんだ。僕のような田舎軍人が、軍にもその他にも偉い人がうんといるのに、それを見当違いの自分からこうした意見を出したは良いが、頭から一笑に付せられたんでは癪だから、ちょっと貴公に見て貰ったんだ」

「その僕が見当つかないんだ」

「いや、未だこの種の案があるのかを聞かない。それだから心配なんだ。自分では国家百年の計と思っていても、一蹴されてはやり切れんからね」

「正直なところ、貴公一人でも賛成してくれるならと思って、今日伺った」

「もちろん賛成だが、只実行の段になってどうか、それを心配する」

勿論、鉄男自身にもその懸念があった。

「果たして軍が諒解してくれるかどうか」

それが最大の懸念だ。


それから数日後だった。

鉄男は丁琛澂将軍に呼ばれた。丁将軍はかねがね日本軍撤収後の北満の治安維持について頭を痛めていたが、話はこのことだった。

「どうも匪賊は一度討伐しても、また出て来る。日本軍も追々撤収する時期になったが、どうも吉林軍だけでは安全とはいえない。何か永久の治安維持を確保する手段を講じなければならぬが……」

と言うのだった。

「実は大迫さんから話があって、東宮さんが名案を持っているというので、御知恵をお借りしたいです」

と、丁将軍は更に言葉を足した。

そこで、鉄男は治安維持隊案を早速持ち出した。その案は、日本の在郷軍人の屯墾隊を作る事だった。その屯墾隊を中堅として、更に吉林剿匪軍の中から屯墾隊を作り治安を確保する事だ。

「それが出来るならば、是非お願いしたい。日本の在郷軍人が来てくれるなら申し分ありません。是非案を出していただきたいです。それによって当方も着手したいので……」

と、丁将軍も大いに乗り気になった。

そこで鉄男は早速案を建てたのだった。

第一次治安維持隊
農業従業者　　三千名
鉱業従業者　　二千名
之は吉林剿匪軍の屯墾化による。
第二次治安維持隊
幹部隊　　日本在郷軍人の屯墾隊
農業者　　一千名
之を日本内地より召集する。

そして、右治安維持隊の費用としては吉林軍一個大隊分だけあれば足りる、という予算であったが、

「吉林軍一個大隊分だけではどうだろうか、とにかく月額八千円を提供するとしよう」

と、丁将軍の申出であった。

そして、その案に従って開墾地を選定する為、丁琛澂将軍と、吉林軍顧問の大迫中佐と神田中尉と鉄男との四人で哈爾浜から松花江を下ったのだった。鉄男は依蘭をその選定地にしていたのだ。

ところが、その月の初めから降り出した霖雨のため松花江は大増水であり、来てみると依蘭は大洪水に見舞われて、殆んど屋根だけが水上に浮いているという有様だった。これには鉄男も弱った。

「僕が一月もいない間に、どうもこれには呆れた。折角案内して来て、この有様では失敗した。いやはや……」

丁将軍も大乗り気だし、飛ぶようにして来てみればこの状態だ。

「依蘭は昔から水災地で有名ですよ」

と、丁将軍も笑った。

そして依蘭は急ぐ案に役立てるには不適当となって、更に佳木斯《ジャムス》に下航することになった。

佳木斯では県城に行き、その話をすると、県長の喜びは一方ではなかった。丁将軍直々の検分であり、この地方には恩人視されている鉄男であり、

「是非佳木斯にしていただきたい。此処は依蘭に次ぐ人口を持っている土地で物産の集散地であり、目下満軍ばかりで日本軍が居ない。是非日本の自衛団が欲しい。日本の在郷軍人が来て、屯墾隊を作り治安に当ってくれるなら土地も提供します。どんな援助もしますから……」

県長はもう大乗り気である。

勿論まだ下検分であるから決定する訳ではなかったが、大体佳木斯という案が出来上がった。そして尚永豊鎮や二、三の地を廻って、一行は再び大増水の松花江を経て哈爾浜へと帰って来た。

「東宮さん。非常に良い収穫でしたよ。一つ大いに骨を折ってください。兎に角あの辺に決めるとしましょう。私の方からは第一回に五百人位出しましょう」

丁将軍はそう言って、再び鉄男の計画を支持したのであった。

そして、一同が長春への帰途、図らずも馬占山討伐の帰路の関東軍高級参謀石原莞爾中佐と同じ列車になった。

鉄男は初めてこの時、石原中佐に**武装移民案**を献策し、「**第一次吉林省在郷軍人屯田移民実施策**」**計画書**を、石原中佐を通じて軍に具申するに至ったのである。そして之が後の盟友加藤完治と会見する動機となったものでで、天意の妙が潜んでいるのだった。

後には幾多の苦難の道が続くのであるが、ここに鉄男の大陸移民案が陽の目を仰ぐ機会を迎えたのである。

幾年だろう。幾年となく調査、研究し、苦心した大陸への関心が、ここに地表に種を植えることになったのだ。否、植えたのではない。種が落されたのだ。落された種が啄《つい》ばまれもせず実を結んだとはいえ、そこには風雨が待っている。

大陸移民論者の**加藤完治**が、その頃奉天に来ていた。彼も熱烈な大陸移民実現期成の唱導者で、日本国民高等学校という農民学校を経営していて大陸行農民の養成をやっていたのだが、満洲事変を契機として事態の好転を見るや、早速その運動に取り掛かったのである。

しかし、当時満洲移民を真剣に論議する人もいなく、況やその可能性を認める人なしの状態であった。その中に一介の野人に過ぎない彼が、声を大にし、その実現を説いて歩くのだから、いつしか彼は「**移民狂人**」とされてしまっていたのである。

その上、直情で無遠慮な彼の性格は、所謂歯に衣を着せての融通も如才も持ち合わせないのだ。一本気でムキに論ずるのだ。だから余計に移民狂人にされるのだ。

加藤完治を紹介しよう。

東京府出身。一八八四（明治十七）年一月二十二日生まれる。一九一一（明治四十四）年東京帝国大学農科を卒業。内務省勤務、茨城県水戸市の農業訓練所所長を経て、一九一三（大正二）年愛知県立安城農林学校勤務。一九一五（大正四）年山形県立自治講習所所長。

欧米に出張の後、石黒忠篤らの薦めで一九二六（大正十五・昭和元）年茨城県友部町に**日本国民高等学校**を創立、校長となり、農民子弟教育にあたる。超国家主義者筧克彦の古神道による**農本主義思想**を教育した。


加藤の言うところによれば、一九三二（昭和七）年正月の二日だという。

浅草の日本国民高等学校販売部の加藤の下に、モンペ姿に鳥打帽という装束で訪れた田舎者があった。

「農村の現状は凝視すればするほど八方ふさがり、行き詰まりの極である。この難局打開の道は植民以外にないと信ずる。そこでこの度のうのうと山形から上京して、陸軍省に永田鉄山その他の同期生を訪問して、満

（資料10）加藤完治（出典：『満蒙開拓、夢はるかなり・上』）

蒙植民即断行を迫ってみたが、彼らはそんなことが出来るかと一向に相手にしてくれない。彼らのこの誤れる確信を打破することは最早自分の力では出来ない。どうか一つ力を貸して頂き、そして彼らが一刻も早く満蒙移民国策遂行の第一歩を踏み出すようにしていただきたい。この機を逸しては再び時期がない」

と、彼に向って切言したのだ。

この田舎者が、陸軍予備中佐で、病気で現役を退いてからは故郷の山形県東村山郡大郷村で帰農生活を営みながら、農村問題について深憂を抱いていた**角田《すみた》一郎**氏であった。

更に彼の言うところを聞けば面白い。

「軍務課長やそこらの吏僚ではこの国策は分かるまいから、直接陸相にぶつかって談判しよう。聞かなければその蒙を拓いてやろう」

という訳で翌三日、陸相官邸へ電話を通じたところ、早速お会いするとのことであった。

この満蒙植民でのぼせている変わり者二人が実に乱暴な風体で、陸相官邸に乗り込んだそうだ。

ところが荒木貞夫陸相は取次の者から加藤完治と聞いて、海軍大将の加藤寛治さんと間違えたのだ。何が幸いになるか分からない。

幸い面会が出来て、二人が来訪の趣旨を交互に述べると、陸相は、

「自分もまた日本人が農業移民として満蒙に進出する事は残念ながら不可能だと思う」

と、陸相の荒木中将までそういう不可能論者なのだ。

そこで、彼はムッとして

「それは貴下の迷信です」

断乎としてそう放言したのだ。これには温厚な荒木陸相も真に怒ったと見えて、

「何が迷信だ。曾て満鉄が其沿線で模範除隊兵を植民させたが、悉く失敗した事実を自分は知っている。自分は此の確たる事実に基づいて不可能と言うのである」

「それが即ち迷信です。あのときの移民計画が失敗に終わったのは失敗すべき理由があって失敗したので、何も怪しむに当たらない。私等がこれから断行せんとする移民計画に従えば決して失敗しない」

と、加藤はその一本気から大臣の怒った顔など眼中に措《お》かず満蒙移民の所信を述べたのだ。

　加藤、角田両人の力説の結果、

「解った。それなら君、満蒙に移住する人の準備が出来るか」

と、却って陸相が今度は非常に喜んで、彼の論を聞いてくれた。

「その方は引き受けますから、大臣の方で農業に必要な土地、家屋の準備、それから匪賊の防備に必要な武器、多少の経営の資金及び医療設備等についてお引き受け願いたいのであります」

「宜しい。承知した！」

との陸相の言葉に、彼らは百万の力を得た如く、それから一層移民狂に猛烈に突進したのだ。

　角田と加藤は、荒木陸相との面会の前に、枢密顧問官の斎藤實を訪ね、助力を依頼した。斎藤は力添えを約束した。次に後の農相の石黒忠篤農林次官と那須皓東京帝大農学部教授を訪問し、賛成を得ていた。

　角田は荒木陸相会見後、東京に留まり、在京陸士同期生主催の「板垣大佐歓迎会」に出席し、板垣に「満洲移民即時断行」を荒木陸相に進言してくれるよう頼んでいる。

　角田が記した「**満蒙経営大綱**」は総論と細論、結論に分かれ、更に細論の中に移民策として、教養の方法、経費、移民村落の配置、各集落の防備、食糧の諸項目について具体策を提示している。

「農民の救済は土地問題を解決するにあり、農村の満蒙移民により人口問題を解決し農村崩壊を防ぎ、併せて満蒙をして永久の資源培養地となすことを得」という総論であり、それが結論でもあった。

角田《すみた》一郎は、一八八二（明治十五）年山形県大郷村の農家に生まれ、仙台陸軍幼年学校から陸軍士官学校に入り、第十六期卒業。少尉に任官して青森陸軍歩兵第五連隊に配属され日露戦争に出征、戦後静岡連隊・豊橋連隊に配属中、シベリア出兵に参加、北満洲方面の地理を踏査した。

その後少佐となり、福知山連隊区司令部付から中佐に進んで同連隊大隊長となったが、一九二五（大正十四）年八月、病のため予備役に編入され郷里山形県大郷村に帰ってから農業に従事した。

農耕のかたわら農村子弟の教育・耕地整理・郷土研究などに尽力していた。満洲事変を経て、直ちに満洲農業移民の構想を練った。これが「満蒙経営大綱」であり、後の満洲開拓事業の発祥たる**「集団武装移民案」の根幹**をなした。

加藤が、石黒農林次官や、満鉄の公主領農事試験場で現地の農業を研究している宗光彦氏との三名で、角田一郎の「武装移民案」を基礎とした**「満蒙植民事業計画書」**（六千人移民案）を計画し、政府への即時断行の要請を行った。

これを拓務省の手から閣議に上程通過させるべく奔走した。その拓務省にすら不可能論者があった位で、彼が移民断行の為現地に準備のために出発した途中、

「イミンハツブサレタ、ケンチクハトリヤメタ、アトフミ」

という電報が彼の手に届いて、その移民案もお流れになった。

こうして、残して来た頼みの綱が葬られたに拘わらず、奉天へ直行したのである。

当時関東軍の部内にも不可能論者が多く存在した。種々の立場から好意を示さぬ関係者が居る。更に利権屋が他人の成功を嫉視している。事変後の満洲には事変の一段落と共に、土地と事業との営利獲得のため要路の伝手を求めて狂奔している一派が居る。中々ややこしいものがあった。

加藤は奉天付近の沿線に土地を求めるつもりだった。石原莞爾中佐から、

「加藤さんの日本国民高等学校にならい、分捕りした建物と土地とを場合によっては貸してもよろしい」

という意見をもらって居たので、移民案埋没の如何を度外視して石原中佐を頼って満洲に飛んで来たのである。

本庄司令官、石原参謀の尽力で北大営に日本国民学校を開校して、彼は移民の養成、満洲農業経営へと乗り出したのである。勿論前の移民計画案などと比べようもなく、生徒は七十名ほどである。加藤は内地で青年をここに送り込む役をやり、北大営では彼の片腕になる人が代わってやるのだった。内地と奉天を往復しながら、また時期を待っていたのだ。

そのうちに例の五・一五事件から内閣が更迭し、齋藤實内閣となり、拓務省も永井柳太郎氏が大臣となった。永井拓相は曾て早稲田大学教授時代植民政策の講座を担当していた位で、移民に就いて理解があった。そして、もう一度移民案を出せ、そうすれば閣議に諮って議会を通過するようにさせよう、と言うのだった。ところが前の六千人案で懲りている事でもある。

「大臣が頻りに言うから、移民案を出そうと思うが、一体何處へ移民させるのか、その土地の問題から決め

なければならぬ。これを決めなければ今度は案を出す訳にはいかぬ。何とか一万町歩か、二万町歩得る所はないか」

という生駒管理局長の言葉だった。

此の生駒管理局長が彼の同情者で、前回の移民案にも骨を折って奔走してくれたのである。

「それなら僕が行って一万町歩か二万町歩を捜してくる。その代り必ずそれを通過させることに努力してくれるか」

「必ずやる」

こうして加藤は再び奉天に来たのだった。

もちろん石原参謀に依頼するつもりだ。そして拓務省の技師の中村孝二郎という人から、学良の土地が銭家店にある。それを全部貰えば良いという方寸も授けられていた。そこは鄭家屯から通遼に行く途中で、興安省にある土地であった。まだ彼も北満にまで眼が及ばなかった頃である。

「実は改めて移民案上程の為、土地を一万町歩か二万町歩欲しいので、上りました」

石原中佐に面会すると、加藤はその経緯を述べたのである。

「土地の問題なら私じゃない。第三課の方へ言わなければいけない。今その方へ案内しましょう」

石原中佐はそう言っておいて、

「しかし、土地は何處でもいいんですか」

と尋ねるのだった。加藤は学良の銭家店の事は言わず、

「どこでも良いんですが……」

と言った。最初から指定して出すのは具合が悪いからでもあった。

「それなら、吉林の方に一万町歩位は出来ましょう」

という訳だった。

吉林の一万町歩！　それこそ鉄男が具申した結果の言葉であった。

「実は満洲軍の顧問をしている東宮大尉という人物が、北満に移民の計画を建てている。その計画書が自分の手許に来ているが、中々立派なものだ。しかし僕は移民問題には門外漢だし、軍の方でも時期尚早で実は僕が預かっているんだが…」

「それでは是非見せて頂きたいんです」

「見て貰おう。そして実行出来るかどうかを貴方に頼もう」

こうして加藤は、東宮の「第一次吉林省在郷軍人屯田移民実施案」を見ることが出来た。

「これは実に良い、理想的に出来ている」

加藤はこの計画書に驚倒するほどの理想案を発見したのだ。

「北満にそういう軍人が居ますよ。それじゃ会って見たらどうです」

そして、石原参謀は態々長春へ電話を通じて、東宮を呼ぶことにしたのだった。

加藤が内地の移民狂人なら、東宮は現地での移民狂である。東宮が北満の天地を指呼の間に描いていた一方で、加藤は北大営で農民学校を営んでいた。だが二人とも行わんとする計画は、同じ大陸への移民であった。東宮も加藤を知らず、加藤も東宮を知らず、かくて同じ目的を抱きながら、相知る事もなく過ぎて来ていたのだ。

しかし、相会うべき二人である。天意の妙は、石原参謀に一役を課した。石原参謀が東宮にも、加藤にも、この二人の移民狂を笑うことなく結ばせて、彼等の燃える信念を大陸に植えさせたのである。

東宮が、石原莞爾参謀の長距離電話によって奉天に来たその翌日、二人は大星ホテルの加藤完治の部屋で意気投合して徹夜になってしまった。東宮と加藤とは肝胆相照らす同志となってしまった。

東宮は、土地は北満と予て計画していた在郷軍人の集団移民と、その庇護下に行う鮮農の大量移民とを披露して、

「目下の状況ではそうする方法が手取り早いと思う。鮮農については僕も永らく調査してみたが、実に好成績を挙げる。また土地は何處であろうと選り好みは言わぬ。北の果てでも喜んで行く。内地農は選り好みをしてはいかん。在郷軍人の屯田兵ならば必ず好結果を期待出来る。しかし在郷軍人を入れるということは条件がある。第一、軍の了解を得なければならぬ。直ちに大量の在郷軍人を入れるということは難しい。そこで一つの集団的在郷軍人を基本として、鮮農をその周囲に置く、こう考えたのであります。今、直ちに北満の物騒な土地に内地農を入れても、彼らはとても落ち着いて百姓するものではない。先ずそれまで地盤を作って、安全な土地を作らなければならないと思っています。実際に当たって、北満の土地柄を見ると、そう思んです」

鉄男の腹案には鮮農の移民が経験上書き抜きされているもので、先ず朝鮮の同胞を送り込んで、その中に内地農を入れて行うというものである。

「最初から大陸の農業に内地農を入れると失敗すると思う。大陸式農業に不慣れであるのと、如何にせん、匪賊の出没が激しい。そこで僕は屯田兵を計画した訳だが、今のままでは治安の維持から先にしなければならぬ。屯田兵には内地の在郷軍人を動員し、鮮農の中に内地人を幹部として指導させ、その屯田兵をあちらこちらと植え付ける。この屯田兵に治安維持の役を一任せしめる。こうして順次内地農を誘致する。こういう

考えからとにかく屯田兵が基本となるもので、この屯田兵として内地から優秀な農村の在郷軍人を呼びたい。その意見を実は軍に具申してある分けだが、ものになりそうにないのだ。どうも軍人の化石には困るのですよ」

鉄男はそう言って予ての一案を説明したのである。

加藤は、

「昨日、石原参謀からその計画書を見せて貰った時、僕は実に理想案だと思った。それを時機尚早として反対しているなんて、実際御同様の感を深くする。しかし、石原参謀はちゃんと観ておられた。だから移民では本職のこのわしに訊ねられたんだ。しかし僕は貴公の言う鮮農移民には反対だ。僕は山形の大高原で荒蕪開墾をやった経験があるから、満洲なら北満であろうと何處であろうと、内地農で立派にやれる自信がある」

鼻っぱしの一倍強い加藤の事であるから、東宮の鮮農移民については反対した。彼にすれば、そのために日本国民高等学校という農民学校を茨城の友部に作って子弟を養成し、北大営にも現にやっているのであるから尤もなことだ。

「最初から内地農で行こう。尤も農村から引っ張って来ても失敗するかもしれない。やっぱり農民学校で訓練した者がいいだろう。僕はそのために農民学校をどしどし作る考えだ。友部にもそのため校舎建築をやるところだったが、移民案が潰れたため一時取り止めとなった。しかし農民学校で汗と労働の神聖さを覚えた者は、立派に満洲でもやって行ける。だから寧ろ最初から内地農を送った方がいい。僕はそのために内地でその養成をどしどしやろう。貴公が現地を受け持ってもらいたい」

加藤はそう言って、既に北大営で行っている現状をも説明し、農民学校の必要性とその理想をも述べた。

「なるほど、あんたの意見は良い。それではその訓練をあんたにやって貰おう。僕が現地を宰領しよう」

二人はそういう約束をしたのだった。

「あんたが奉天に居たことは何よりの幸いだった。必ずこれはものにする」

鉄男は愉快だった。百年の知己を得た如く、心躍るのだった。

「僕も貴公を得て、安心して北満に送れる。北満が良い。付近に日本人が居らんほうが却って良い」

「どうも日本人の多く居る都会付近は駄目だ。野菜を得るとか、邦人の漬物を引き受けて儲けるとか、そういう事をやると土着心を失う。その金で都会地に出たがることになって、移住地を淋びらせる。僕はそういう点を考えて、鮮農に眼を付けたのだ。鮮農は文化が低いだけに都会に出たがらん」

「いや、『農民道』に鍛えられたものは大丈夫だよ」

「うん、農民の神聖さを植え付けることがこの移民の根本の精神だ。僕は待命になった時はやっぱり北満の百姓になることにしているが、とにかく日本人の体質として、バラバラでやったのではいかん。団結してやれば強いのが日本人だ。だから匪賊に対しても団結して当たるなら、移民自身で治安の維持もやれると思う。すなわち屯田兵自身が治安の維持に当たるのだ。そうすれば軍隊はいらぬ。軍隊はもっと重要な任務に振り向ける。また限りある軍隊で全部の移民地を守るということはとても出来ない事だし、軍隊をそういう所に使うのは勿体ない。軍隊は対露警備に使わなければいかん」

尚、両者の目的には少しズレがあった。加藤の目的は日本人による農本主義の実践にあったようだが、東宮の目的は国境付近に開拓団という独立した朝鮮人を主体とする共同体を定住させることで、非常時は防衛拠点、兵站《へいたん》として活用できる事、国境付近の匪賊（馬賊）が周辺の一般民衆と結びつく事を抑制できる事という二つの点をメリットとして移民（武装農業移民ともいわれる）を推進するというものであった。

「僕も貴公の屯田兵案を全幅支持する。ところで貴公のいう一集団はどれ位の人員を目標にしているのか」

「僕の考えでは一個集団三百人として、まず、さしずめ十ヵ所、三千人の屯田兵を置く。匪賊になら屯田兵一人で十人を引き受けて大丈夫だ。つまり三万人の匪賊が防げる。こういう考えをしている。今北満全部では十万位の匪賊は未だいるだろう。しかし各所に追い詰められているのだし、僕の予定地としている江東地区ではまず三、四万程度とみている。この匪賊に対処すればいいのだ」

「それなら少し多くして一集団五百人として、十集団で五千人としようではないか」

「うん、それなら十分である。そうすれば匪賊方面にはそれで済む」

「それで案を建てよう」

こうして二人の意見は完全に一致した。

「是非それで実行しよう」

そして、固く約束したのだった。

加藤は来奉の目的が再度移民案を提出するため、その土地の選定にあったが、東宮は既にその土地についても確信があった。于琛徴将軍と一ヵ月前にはその踏査に行って来ている。

「一万町歩や二万町歩ではない。土地については大丈夫だ。于琛徴将軍も僕の屯田兵案には賛成で、吉林軍の屯墾隊をもこの十月には五百人入れることになっている。地元でも屯墾隊の入植には喜んでいる。僕は必ず成功するという確信だ。あんたはそうして移民の先輩でこの方には自信がある訳だが、僕はこうして軍人だ。軍人としてこういうことに携わるのは、見る人から見れば何とか言われるかもしれん。だが僕にとっては永い間のたった一つの夢だったからなァ」

「僕ももっと早くあんたを知っていたらよかったと思うよ。僕の移民案ももっと実際的に立案できた訳だから」

「しかし愉快だ」

「これで満蒙移民の可能を天下に示してやらねばならん。これほど可能な満蒙移民を不可能という人物が多いとはいやはや、大いに蒙を啓いてやろう。貴公と僕と、それでは早速実行運動に取り掛かろう」

こうして一夜の会見は忽ち進展して、二人の受け持ち分担まで決められた。

東宮の分担は、

五百人の宿舎を設けること

土地一万町歩を準備しておくこと

その人たちの冬籠りに要する食糧、肥料、銃器等の調達

関東軍との連絡

加藤完治の分担として、

五百人の在郷軍人を内地で集めて訓練すること

九月末までに哈爾浜に集結すること

第一回の入植として、さしずめ五百人の屯田兵を作ることに決めて、これを早速軍に具申して了解を求めることになった。

徹夜して語り明かした二人は、その翌日、早速軍司令部に出頭して、この事を具申したのだった。

ところが中々うまく捗らなかった。司令官は諒解したが、参謀連のうちに不承知の者があった。

「東宮のあの案はまだその時期ではない」

と言うのだった。

そこで二人は交々言葉を尽くして説明し、極力その必要性を力説したが、未だ参謀長も応諾の意を示さないのだ。加藤は帰京の上は関東軍の意向を引っ提げて、啓蒙運動に取り掛かるつもりであった。

「どうも困ったものだ」

その帰京日が今日である。何とも気がかりだが仕方がない。

「なァに大丈夫だ。石原参謀が付いていていてくれるから」

鉄男にとっては石原中佐が頼みだった。またその人が関東軍の作戦課長として有力な推進力たる立場に立っていることは、千万の味方を得ている強みであったのだ。

「それでは僕は東京を受け持つから極力こっちを頼みます」

「大丈夫です」

そして、二人は固く手を握り合って奉天で別れたのであった。


奉天から帰京して、加藤は直ちに猛運動にかかった。前の六千人移民案があるので、今度こそ実現せしめなければ満蒙移民は何時の事か分からなくなる。それよりも所謂利権本位の自由移民の好餌となって、満洲への日本農民の進出が難しくなる。況や第二の故郷たらしめる精神と努力とを植え付けようなどは求め得ない事だ。

加藤はどうしても閣議を通過させ、議会を通過させねばならぬと頑張った。

「もし閣議が通らなければ、蓆幟を押し立てて農民運動を起こしても頑張る」

という有様であった。


当時は満洲事変も未だ進行中であり、例の**リットン調査団**（付記参照）が来ていたりして、満洲の事については神経が尖っていた。軍部方面の意向も所謂時期尚早であしらっているばかりである。

「そういう事を、この忙しい時期に、出先の一大尉が考えているとはけしからん」

そういう空気があったのだ。そういうことを彼の前で怒鳴る大官すら居たのだ。

しかし加藤はそんなこと位でへこたれるような人物ではない。

「之によって将来の国防問題や、或は満蒙問題も解決されることである。これは国策移民として理想のものであるから、是非ご援助を願いたい」

言い出したら相手を説破しなければ気が済まない加藤のことである。承知するまで二時間でも三時間でも説法する。三時間でも四時間でも会うまで頑張る。四度でも五度でも承知するまで訪ねて行く。

陸軍次官にもそうであった。二時間ほど待たされたが、頑張って会った。そして一時間も口説いた。

「今までそんなにはっきりした具体的な意見を移民問題で話した人はいない。良く解ったからやりましょう」

次官はそう言ってくれたが、その場に立ち会った主計局の主計官が、

「陸軍として考えていることがあるから、次官一人でこの問題を勝手に決めるといってもお引き受けは出来ない。良く研究してみましょう」という訳だ。

これには加藤も憤慨して、

「これは国策移民だ。何でもかんでもやってくれ！」

と、終いには大きな声で喧嘩までした。

荒木陸相を何度も尋ねた。そして最後には陸相も彼の熱心に負けて、

「それでは僕が後押しをして、通すようにするから」

という訳で、大事な難関はどうやら無事通過し、これで軍部方面はようやく見込みがついて来た。

彼は早速この様子を長春の東宮に知らせたのである。

軍部ばかりではいけない。予算関係の大蔵省をも説得しなければならぬ。大蔵省も時機尚早の組であったが、まずその前に閣僚の地固めとして、時の斎藤實首相をも口説き落とすことにしたのだった。

「拓務大臣からも聞いておったが、なんでも在郷軍人を送るといっていたから、大したものじゃないと思っていたが、そんなに一生懸命にやっているなら、大いに応援しよう」

首相も彼の熱心を買ってくれた。こうして閣僚口説き落としをやったので、大蔵大臣もとうとうやろうという事になって承知することになった。

このように、加藤の努力というものはまったく中々なものであった。計画書と地図とを持って、一意この移民案実現のため飛び廻ったのである。

「ようやくこれまで漕ぎ着けたのだが、何處をどう飛び廻ったか何をしたか、覚えていない」

と、後に述懐している。

それもただ一意実現のためだったのである。

所謂、**武装移民と呼ばれる屯懇制の移民案**は、東宮が守備隊時代、岡山時代、更に現地在任と、永い月日の研究と調査を不断に加えた実情に即したものとして出来上がったものである。

ただ、その精神は、日本民族の将来を思わんばかりにあった。そしてまた対露国防と、治安維持とを重視したものであった。

東宮が軍に具申した案を見ると、

一　目的

（一）現在依蘭駐屯中ノ日本軍ニ代ヘ其ノ任務ヲ永久ニ続行ス。

（二）吉林軍ノ屯懇作業（化兵ノタメ農資源開発）ノ実践ヲ可能ナラシム。日本●●（二字不明）駐屯セザレバ帝国国策ニ合スル如キ屯懇作業ハ実践不可能ナリ。

（三）帝国対露国防ニ供ス。

（四）之ガ援護の下ニ多数ノ鮮人ノ移住ヲ行ウ。

（五）試シ得レバ之ガ援護下ニ内地人ノ移住ヲ行ウ。

二　可能性

于琛徴司令ハ喪心ヨリコレヲ希望シ懇望シアリ。且未開墾地、未開金鉱等ハ斯カル少数ノ日本人ヲ容ルル事ニ関シテハ何ラノ顧慮ヲ要セズ。目下ノ可能性充分ナリ。

三　部隊ノ編成

（一）別表（略）

四　服役

（一）義務服役期間ヲ三年トシ再役ヲ許可ス。

（二）教育召集ヲ免ス、但シ、関東軍司令官ノ命ニヨリ所定ノ訓練ヲ行イ且毎年所定ノ検閲ヲ受ク。

五　待遇

（一）日本政府ヨリ、編成、装備、輸送、当地到着マデノ給与ハ出動部隊ト同ジニ行ウ。

明年ノ収穫マデハ米麦及味噌ヲ給ス。

俸給（略）

手当（略）

（二）満洲国政府ヨリ●●●（三字不明）承認セリ、住居、燃料ヲ提供ス。

一分隊ニ対シ土地十天地ヲ耕作セシメ収入ノ半分ヲ賞与トシテ支給、他ハ部隊ノ維持費ニ充当、之ガ使途ハ隊長ニ委任ス。

除隊後農民トシテ永住セントスル者ニハ、一家族ニ対シ五天地以上ノ土地ヲ無償支給ス。

公務ニヨル死傷ニハ相当ノ手当ヲ給ス。

農耕ニ要スル農具及馬具ヲ支給ス。

（三）互助施設（略）

（四）金鉱整備（略）

（五）隊員募集法（略）

六　吉林屯墾軍組織案

組織（略）

経費（略）

七　吉林省屯墾作業実施区域

牡丹江以東ノ左ノ十県ヲ適当セン。

依蘭、樺川、富錦、同江、勃利、寶清、饒川、虎林、綏遠、密林。

以上は主要なる要点を摘録したものであるが、この原案を、石原参謀を通じて申達したのである。そして、更に次の書簡をも同参謀宛にして、軍参謀長へ具申したのであった。

去ル七日哈市出発ニ当リ意見具申セル事項帰蘭後サラニ研究セルニ、帝国国策上切要ニシテ且目下コレヲ実行シ得ル絶好ノ機会ト信ジ候ニ付重ネテ参謀長ニ対シ意見具申候間御同意下サラバゴ伝達願上候。前回ニ比シ稍々整頓セルモ何レモ素人案ニ過ギズ、然レドモ拙速ヲ要スル好機ナレバ、兎モ角人ヲ入ルルコトヲ第一義トシテ御断行サレ度候。軍人外ノ人選ハ技師等ハ農務課辺リヨリ、通訳人ハ使用者ニ選定セシムルヲ可ト存候。

このようにして、東宮の立案で、関東軍が「移民方策案」「日本人移民案要綱」「屯田兵制民案要綱」を作成し、東京に於ける加藤の努力により、拓務省はそれを受け「満洲移民案の大綱」等を**拓務省案**として、永井柳太郎拓相の尽力によって閣議に提出し、臨時議会通過に至った裏面には、現地に於ける石原参謀の配慮多大なるものがあったのだ。

総括として、「第一次移民は、石原中佐の発意により、東宮の立案した国防及満洲国内粛正を目的とする在郷軍人移民計画が、加藤完治の農民移民案と合体同化し、関東軍の力によりて拓務省の断行せる非常国策なり。従って或は国法に先んじて規定し、或は先ず移民を入れて後土地を定むる等、幾多の特性を有す」と記しているところを見れば、武装移民案実現を巡る経過が一目歴然とする。

石原参謀が如何に東宮を支持したかはいうまでもない。

「君の年来の計画を実現する時が来たよ」

そう言って、係の異なる作戦課長である中佐が、参謀板垣大佐と共に影の尽力をしたのである。鉄男の石原中佐に対する信頼もまた絶大なものがあった。

実現するまでには幾多の紆余曲折があった。しかし、煎じ詰めれば鉄男の畢生《ひっせい》を掛けたその熱意が報われたのである。吉林軍の于琛徴司令官がまた鉄男に全幅の支持を与えたことも幸いであった。

鉄男は、土地の選定に対し、

「移民するのは既耕地付近では駄目だ。自分で自分の土地を開墾するのだ。都市文化の誘惑を避けるためには、人口希薄、交通不便の地域が良いんだ。満人は田畑や墓地を大切にする。だから満人や鮮人の既墾地付近でない方が良いのだ。そういう先住民との摩擦は避けなければいかん。単に産業開発増産ということでは土着心を養うものではないのだ。作物を売って金にするという事は結局に於いて土着心を失うことになる。それを避けるために、移民地は新墾地を自力で開墾せしめ、土地に愛着心を持たせるのだ」

そう主張し、北満の地を選定したのであった。

于琛徴司令官が、省長及警備司令官と交渉の結果、

「依蘭地方在郷軍人移民に関する土地問題につき、李杜の逆産及官有未耕地にして差し当たり提供し得べきもの、佳木斯及富錦付近に各一万町歩あり。

また吉林屯懇隊基幹部隊として日本屯田兵を駐屯せしむる件に関し、以下を提供し得る。

一　一万町歩

二　三千万坪

三　二里半と三里」

という如き広大な土地を提供することを申し出で、これを、陸軍歩兵中佐大迫通貞顧問をして軍に申達せしめた。全く于琛徴司令官の尽力によるものである。

(度量衡法では、一里＝三六町とした。一町＝六〇間×六（尺／間）＝三六〇尺であるので一里＝三六町×三六〇（尺／町）＝一二、九六〇尺となり、一尺＝10/33ｍと定められたので、一里＝一二、九六〇尺×10/33（ｍ／尺）＝約3927.2727ｍとなる)

内地方面の各関係機関が実行に着手したのも、この大迫顧問の申達によって安心したからである。これが実現した裏面には又これ等の事が東京に反映したことも見逃せない。

「七月二十一日哈爾浜にて于司令官と下相談せるに、全て我々の案の如く進行しつつあり、確信を持って進まれたし。此れより一旦長春に帰り、更に依蘭方面に至り、具体的準備に取り掛かる予定なり」

と、東宮が加藤に申送っているのをみても、東宮と于琛徴司令官との間柄は合点いこう。

ここで、当時の政府の考えを見てみよう。

そもそも日本の国策会社・南満洲鉄道株式会社（満鉄）の子会社の「**東亜勧業株式会社**」の設立は政府が主導し、東洋拓殖株式会社、南満洲鉄道株式会社、大倉組がこれに協力する形を取った。

一九二一（大正十）年三月に東亜勧業株式会社設立のための合同会議が開催され、満蒙に於いて土地経営を行う新会社を設立する旨の合意が正式になされた。

その後実務担当者による協議会が組織され、政府側に於いては、拓殖局の入江書記官、園田書記官、外務省の岡部長景書記官、駒井徳三外務省アジア局嘱託らが計画をまとめる推進役となっていった。

一九二一（大正十）年五月に開催された「東方会議」に於いて、原内閣は「満蒙発展の一急務として土地経営及将来日本人の発展上並に在住朝鮮人保護の諸問題に対し可及的諸施設を為す」という方針を策定し、東亜勧業株式会社の設立計画は政府の基本方針とも合致する事となった。

同年十二月、東亜勧業株式会社は正式に、日本の資本、中国東北部の土地、朝鮮人の労働力を結びつけて、中国東北地方に日本への食糧（米）と工業原料（羊毛）を供給するための大規模な農場を設立することを目的として創設された。

本社は東京の東拓本社内に設けられたが、翌年、奉天に移転した。

会社の資本金は、満洲勧業株式会社の場合と同じく二千万円とされたが、その大部分は東洋拓殖株式会社、南満洲鉄道株式会社、大倉組の出資によるものであり、そのほかに、社長となる倉知鐵吉や朝鮮の李完用らが少数の個人株主として名を連ねていた。つまり、満洲勧業株式会社の場合と異なり、多くの日本人、朝鮮人、中国人の民間の有力者は会社の設立計画から排除されていた。

同時に、東亜勧業株式会社の子会社として、**協濟公司**という会社が設立された。この会社の設立目的は農場小作人である朝鮮族農民に資金を融資し、その経済的困窮を救済することにあったとされていた。金の貸し付けを通じて、東亜勧業は朝鮮人小作人を自己の農場に繋ぎ止めておく算段を講じていたといえる。

しかし、東亜勧業株式会社の設立後の経営状況は、張作霖・張学良政権による強い規制を受ける中で、経営は行き詰まっていった。しかし、経営不振の原因を対外的な関係のみに求める事は出来ない。むしろ、会社の創立過程から、東亜勧業自身に大きな問題があったといえよう。

そもそも、満洲に於ける水田経営が収支の面で極めて難しいこと、従って、政府からの補助金なしに経営を維持することが難しいであろうことは、満洲勧業の設立に反対する意見の中でも既に指摘されていた事であった。

東亜勧業株式会社は、満蒙開拓団の入植地確保のため、関東軍の指示で用地買収を行った。代替地を用意せず、補償金を払って先住中国人を立ち退かせたのである。

東亜勧業の獲得した、或は、獲得しようとした農業用地はそもそもどのような土地であったかという問題点がある。

それは、東亜勧業株式会社と満鉄、東拓などとの関係、また、これらの土地と土地権利を実質的に有した日本人たちとの関係、又、そうした日本人と土地の名義上の所有者となった中国人の関係を考察することから、当時の日本人や中国人の官僚、民間有力者などが土地を巡ってどのような関係を取り組んでいたのか、更に、そうした複雑な関係の存在が東亜勧業株式会社の事業展開にとって如何に厄介な問題となっていたかが明らかになってくる。

では、日本人がどのようにして土地権利を取得することが出来たのであろうか。

東亜勧業に引き継がれた満鉄・東拓関係の土地がそもそもどのような歴史を有していたか、「土地払い下げ」という手段は具体的に何を意味するのか、そして「払い下げ」により、各土地の権利を日本人がどのように獲得したのかという事を考察することにより、東亜勧業が直面していた農業用地を巡る複雑な権利関係の存在、そこにある厄介な政治、社会関係の問題が浮かび上がってくる。

東亜勧業株式会社による土地支配を、清朝以来の「伝統的」土地制度との関わりからみてみよう。

（一）土地評価委員会の報告

東亜勧業株式会社はその創立に当たり、満鉄・東拓関係の土地の一部を引き継ぎ、その農業用地とした。それらの農業用地は奉天省、東部内モンゴルなどの各地に点在しており、東亜勧業がこれらの土地の権利を引き継ぐためには、まず、その評価額を算定する必要があった。

そのために土地評価委員会が組織され、その下で各農業用地の実地調査が実務担当者により一九二二（大正十一）年一月二十四日から同年二月二十八日まで行われ、その報告を基に土地評価委員会が開催され、各土地についての評価額が決定された。

(二)「皇産」「蒙地」としての歴史を有した土地

東亜勧業の農業用地とされた満鉄、東拓、大倉関係の土地は曾て「**皇産**」「**蒙地**」「**王公荘園**」と呼ばれていた土地の一部であった。東部内モンゴルに展開していた土地はかっての**蒙地**であり、奉天近郊にあった土地の多くは**旧皇産**であった。

一九一一(明治四十四)年の辛亥革命により宣統帝が退位した際、清朝への「優遇条件」の一つとして、中華民国政府は、旧清朝の家産と考えられる土地・財産は革命後も旧皇室の私有財産として保護する旨の約束を行った。

清初以来、中国東北地域には内務府官荘、盛京戸部官荘などの各種官荘地、三陵(永陵、福陵、昭陵)に属する土地が広大に展開していた。三陵とは、清朝の始祖であるヌルハチ、ホンタイジ、その祖先のほかの陵墓の総称であり、それら陵墓は奉天近郊から遠く朝鮮との境である長白山に及ぶ地域にまで展開していた。辛亥革命後、これらの官荘地や三陵付属地の多くは旧清朝皇室の家産とみなされ、改めて「**皇産**」と呼ばれるようになった。

しかし、中華民国初頭のこの地域の地方政府、その後の張作霖政府はこれら皇産の民間への払い下げ、つまり、皇産の民有地化を大規模に行い、そこからの膨大な地価・地税を獲得していった。

地価を払って皇産の払い下げを受けた者は、各土地の「業主権(所有権)」を獲得した。すでに旧清朝皇室にはそうした皇産の民有地化に抵抗する政治力はなかった。

「**蒙地**」も「**王公荘園**」と同様な性格の土地として理解できる。

「**蒙地**」は清朝の時代にはモンゴルの各旗が、「**王公荘園**」は清朝の王公貴族が占有していた土地であった。所謂満洲の東部にはこうした蒙地が、かっての奉天省などの各地には、王公荘園が広大に展開していた。辛亥革命後、蒙地と王公荘園は続々と民間に払い下げられ、一般の民有地として再編されて行った。

（三）奉天農場（西宮房次郎関係地）の歴史

東亜勧業の買収した土地の多くが荒地、畑地であったのに対し、西宮房次郎の有していた奉天近郊の呉家荒、南陳家荒、北陳家荒などの土地は既にその買収時に於いて水田として開発されており、朝鮮人を小作人とする米の生産が行われていた。

これらの土地は、東亜勧業の経営した農場の中では中心的な存在であり、全体で**奉天農場**と称されていた。各地での農場建設が必ずしも順調に進まなかった中で、奉天農場は東亜勧業の中核的な農場として存続していった。

（四）皇産の払い下げと東亜勧業農場の成立

旧清朝皇室の家産とされた皇産は、奉天省の各地に広大に展開していた。これらの土地が清末から中華民国期にかけて大規模に民間に払い下げられていく中で、満鉄はこれらの土地を得ることを計画した。しかし、張作霖政権が外国人（日本人）への土地売却を厳しく禁止していたことから、満鉄自身が皇産の払い下げを受ける事は出来なかった。

そこで、満鉄は勝弘貞次郎、西宮房次郎、原口統太郎、津久井平吉などの日本人に資金を融資し、更に、これら日本人は配下の中国人の名前を使って旧皇室の払い下げを受けたのであった。従って、そこに展開する土地権利関係の実態は複雑であった。

東亜勧業の計画は容易に実現しなかった。そもそも張作霖政権は日本人による土地購入を認めていなかった。また、例えば、会社農場の中核となった奉天農場、つまり、旧昭陵窯柴官甸地に於いては、在地における旧三陵官員・壮丁らによる土地支配が実際にはそのまま続いていた。加えて、旧清朝皇室はこうした皇産の民間払い下げそのものを認めたわけではなく、それら土地に対する権利の回復を唱える可能性が存在した。

つまり、東亜勧業株式会社は皇産に展開していた重層的な権利関係を完全に整理することなく、また、その土地取得の合法性にも疑問が残る中で自己の農場を設立していこうとしたのである。

同様の事情は東部内モンゴルに展開していた農業用地にもいえた。巴林《バーレーン》国親王、モンゴル王公、張作霖・呉俊陞などの奉天地方政権の有力者、東洋拓殖・大倉組などの日本企業、また、これら日本企業から資金の提供を受けて土地取得に動いた佐々江嘉吉などの日本人、また、これら日本人の代理人になった中国人との間に生じた、土地を巡る複雑な権利関係の整理が容易でなかったことから、多くの場合、東亜勧業の旧蒙地における農場設置は順調に進まなかった。

東京に於ける盟友が無茶苦茶に活動している時、勿論鉄男も又無茶苦茶に忙しかった。忙しい軍務を持ち、長春と吉林の間を往復しながら入植予定地にも出張しなければならず、そうして一方軍との交渉、吉林側との折衝、それは実に多忙を極めた活動ぶりだった。実はそうして連絡や折衝に追われながら、夜がまた多忙だ。

「先生の寝られるのは毎夜一時か二時だ。それだのに朝はああして五時には起きる。あれじゃナポレオン以上だよ」

　東宮公館に起居する梁山泊連中も実際これには驚いた。

「よくもああやられるもんだ」

　恐らく毎夜三時間か四時間の睡眠時間であったろう。これでは正にナポレオンの四時間睡眠とどっこいどっこいだ。而も鉄男は軍に提出する参考書類の執筆や、移民団生活に対する方針とか設計とか、そういうものを研究しつつ備忘録に書いていくのだ。

　大体、鉄男は昔から筆まめという性質で、日誌とか記録とかそういう種の文筆を楽しむのが好きで、人への書簡も怠らなかった。その上に今度の満洲移民に就いての沿革を一項毎に、詳細に執筆して行った。第一立案の動機から、順序沿革史を克明に作っているのだった。

　その立案の動機の項には更に赤露の軍備、移民の条の参考にまで付けているのである。その満洲移民沿革史等立案の動機から始まって実現に至るまで、実現後の移民への指針、指導方針或は将来の理想まで述べて実に堂々たるものだ。


「移民発つ」の一報と共に、拓務省からは屯墾地踏査班として中村孝二郎技師以下六名の一行が、現地に派遣されることになった。

　ところが当時の拓務省としては満鉄沿線を土台として、南満方面ならば日本人の移住も不可能ではあるまいが、北満ということには賛成者が殆んどなかった。だからこの踏査班の復命は重要視すべきものだった。

　東宮も勿論それは心得ていた。東宮は自分が軍人であるから言うのではなく果たして拓務省辺りの役人が、この国家的意義を持って行わんとする北満移民を諒解するだろうかと危惧した。

移民といえば、南米や南洋あたりの移民と規格を同一にされたのでは、とても北満など問題になるものではない。だから東宮は拓務省からの踏査員に対しては密かに苦心したものだった。


中村技師一行の前にも、嘱託の山崎芳雄氏が調査に来た。

その時加藤曰く、

「満洲に行ったら、兎に角まっすぐに石原参謀の所に行くように」

それには魂胆があるからだ。

当時拓務省では北満移民に難色を示していたから、匪賊の出る土地へ送る訳にはいかぬというのだったが、奉天には拓務省の出張所がある。南満移民が対立的立場にある際とて、そこに立ち寄ったら不利な結果となる事は分かっている。そこで石原参謀への直接の策を授けたのだ。

石原参謀に会うと、

「ああそうですか。それなら吉林に居る東宮に聞いてください。直ぐ東宮の処へ行って御覧なさい。紹介状を揚げますから」

という訳だ。

山崎嘱託はそこで初めて東宮を訪ねたところ、依蘭に滞在しているということだった。それから依蘭に行ったのであるが、まるでリレー式だ。

依蘭で東宮に会って来意を告げると、

「いや、行かんでもよいです。土地はとても良いです。土地はとても良い所で移民地として最適であると、帰ったらそう言ってください。治安も良い、匪賊の心配など要らぬと言って下さい。又見ても素人に匪賊など判るものではない」

東宮はそういう口上で、山崎嘱託を追い返そうとするのである。丁度大洪水で依蘭駐屯の軍隊まで船に避難しているような時で、東宮も船上に生活している。そういう有様の中を滞在されてグズグズ調査されたのでは、結局不利な調査表が出来上がる。東宮はそれを怖れたのである。

「それより早く移民を送るようにしてもらいたい。だからここから帰って、そう復命してください」

「兎も角土地は何處か、場所も見ないで帰る訳にはいかない」

と、山崎も頑張った。

「それでは案内するが、兎に角匪賊も何も心配ないと報告して貰いたい」

それから山崎嘱託を佳木斯に案内したが、一晩旅館に泊めて、さて実はそれっきりなのだ。ところが、この山崎嘱託は今では拓務省の役人であるが、自ら満蒙に農業移民を行ってみようという程の実行派であるから、北満を敬遠するような人物ではない。種々と話している間に、東宮の計画とその熱意にすっかり共鳴して、調査など不要だ。帰ったらそのように復命するという様な訳で、

「東宮さん、僕がイの一番に北満に入植しますよ」

という次第だ。そしてそのまま帰京したのだが、この山崎嘱託こそ後に第一次移民団の団長として北満に入り、移民と苦楽を共に舐めつつ、現に今でも北満開拓移住の一線に立っている功労者の一人であるのだ。

そういう有様で、当事は北満派に有利な時代ではなかった。

拓務省の踏査班の一行が満洲の地に入ると、内地と呼応するかの如く南満の地元も俄然気勢を上げて、

「満洲事変は何の為に起きたのだ。満洲を固め、日本の権益を擁護する為ではないか。日本の権益は北満にあるのではない。この日本の権益を擁護する大使命を持つ日本人の移住地は、当然日本人が苦心経営してきた南満に於いてなされるべきだ」と、南満在住の人々も口をそろえて非難を加えた。

踏査班一行も、最初の予定が移住地を南満に求めるつもりで、南満の踏査をすることになっていた。ところが、拓務省の命令で俄かに南満を止めて北満に行くことになった事について、すこぶる飽き足らないことがあったのである。

大体、最初の計画では満洲移民は東亜勧業株式会社という会社にやらせる方針だったので、非難と反感が北満移民に向けられたのであった。

「匪賊が出ても、そのために武装移民をするのであるから差し支えない。またそのくらいの覚悟を持っていなければ農地の開墾は出来るものではない」

と、東宮や加藤がそう主張しても、拓務省の役人はそれに反対した。

「軍の責任者の話を聞かなければ不安だ」

という訳である。

その頃軍務で上京した満洲国陸軍最高顧問の多田駿少将が拓務省に寄った時、それを聞かれた。

「匪賊は心配ありません」

その時、多田がいとも平然と、如何にも心配ないようにそう言ったので、その結果北満実現を見た訳であった。

踏査班一行が哈爾浜に着くと、東宮はその案内役を兼ねて同行することになった。吉林側からは楊玉書参謀長が加わり、佳木斯に上陸すると、樺川県の唐純禮県長が老体を挺して案内役を務めると言い出した。それに吉林軍の傳章大尉と金器之大尉とが通訳として随行した。

種々非難のある時なので、東宮は一行の案内に苦労した。調査等にも同行者として気を配った。前の拓務省の役人の山崎芳雄嘱託の場合と違って一行六名は、農業土木、畜産関係、農芸、農産、土地という風に専門の調査を行うというものであるから、これを追い返すわけにはいかない。だから、東宮は匪賊の出没については非常に心配をした。

そのために楊参謀長の出馬までを説き、その配下の吉林軍の護衛を付けると共に、踏査地付近に駐屯する吉林軍に睨みを利かせるという要領である。匪賊ばかりでなく、どうかすると奥地駐屯の吉林軍すら匪化し得るという物騒さである。このため楊参謀長の同行が、どれほど効果があったかしれない。

幸いにして一行の調査中、匪化もなく、匪賊とも出会わずに済んだ。匪賊の出没については、唐県長が行く先々で住民から兵匪の情報を蒐集《しゅうしゅう》して一行の安全に務めてくれたお蔭だ。唐県長も老年であったが、屯墾兵の入植についてはそのように尽力してくれた。

調査も、心配なく無事に済んだ上に、幸いなことに班長の中村技師が東宮の熱意に感激した事だった。

「軍人でありながら、ここまで研究しているとは思わなかった。しかもこれまで熱心とは思わなかった」

中村技師は心中に、一大尉でありながら有為な東宮に心服したのであった。それのみではなく、楊参謀長にせよ、県長にせよ、鉄男を「東宮先生、東宮先生」と信頼し切っている態度を見て、いたく感心したのだった。

「この人がいるならば大丈夫だ」

一行は日本人の行ったこともない永豊鎮《えいほうちん》や柳河鎮《りゅうかちん》に行って、その間匪賊の出没のないことはなかった。が、東宮はそれを護衛、兵をテキパキと指揮してさばき信頼を得たのである。また、奥地だけに住民は純朴で屯墾兵を入れるための役人来訪とあって、実に喜んで踏査班をもてなしてくれたので、苦労した甲斐があった。

中村技師も調査しつつ、

「永豊鎮の土地は北海道の十勝付近と似ています。十分日本人はやっていけます」

そう言って、最初から有利な証言を与えてくれたのだった。

「それだけではありませんよ。この広大な土地が耕す人もなく捨ててあるのはもったいないです。あなたの御計画は将に日本人にとって一つの警鐘です。斯かる未墾の原野を日本人が開拓してこそ日満両国の利益です」

「ありがとう。実は私も心配しておりましたが、中村さんがそう仰っていただくので、私も実にうれしい。お役人の中にもこの東宮の意のあるところを解ってくださる人がおられるかと思うと、自分の年来の苦心も報われたというものです」

武装移民実現に至るまでには、幾多の非難や反対の中に、こうして隠れた功労者がいたのであった。


この機会を利用して当時の満洲の産業の実態をみてみよう。

満洲で栽培される農作物は、大部分が山東や直隷などからの移住漢人によって持ち込まれたものであったから、そこには濃厚な北支色を認めることが出来る。

農民は、それぞれの住む土地に適する作物を選び、窒素供給作物と窒素需要作物との輪作効果や換金性などを考えながら栽培していた。

これらのうち高粱、アワ、大豆は満洲における三大重要作物とされ、中でも産額の多さに於いて高粱の右に出るものはなかった。

高粱については、「満洲の住民はそれなしには生きて行く途を知らない。それは人間及び家畜の主たる食糧」であるとさえいわれた。

高粱は、主食となるだけでなく、満洲の重要物産である焼酎＝高粱酒の原料にもなり、長い茎は屋根葺きや細工物の材料、或は貴重な燃料にもなった。また、パルプの原料として使われるほか、火薬、マッチ、肥料、医薬の基になるカリウム塩の製造原料にもなった。

トウモロコシは、東部山間地方の常食で、満洲では高粱と並んで最も一般的な農産物であった。

アワは、高粱と同じく満洲住民の常食であったが、一九一〇年代後半の頃から隣の朝鮮にも輸出されるようになっていた。


満洲の土地は麦の生産に理想的であるといわれたが、主な産地は北満洲であった。まだ十分な農業を背景に持たない極東のロシア人にとって、北満洲の小麦は貴重な存在であった。

一方、米は満洲では余り作られず、南満洲で主に陸稲が栽培される程度であった。しかし、日露戦争を契機に朝鮮人の移住が増加したり、日本人向けの日本米がいるようになって、各地に水田が開かれるようになった。満洲で水田米が初めて市場に登場したのは一九一〇（明治四十三）年頃であったとされている。

大豆は、高粱と並んで満洲の農産物の双璧を為す存在であった。満洲の基軸農産物はあくまでも高粱やアワなどの雑穀であって、大豆はそれらの副産物の様なものであった。満洲の農民は経験から作物の輪作障害を防止するために、高粱やアワの収穫増加を図るために荳科植物である大豆を輪作栽培に組み入れるようになったのである。

満洲大豆は、次第に油脂原料や肥料原料＝豆粕として需要を伸ばし、中華市場向け、日本市場への輸出が急増し、飛躍的な増大過程になった。その後、ヨーロッパ向けの輸出が一躍国際的な貿易品として脚光を浴びることにもなった。

日本の植民経略の下で、満洲の本格的な開発が進むと、満洲農産物の総生産量の半分は、当時の龍江・吉林・濱江の三省に跨《また》がる中央平原地帯で生産されていた。

この一望の沃野では、作付け首位の大豆を始め、高粱、アワ、トウモロコシなど満洲色豊かな作物が作られていたが、比較的高温を要する綿花や果樹は見られなかった。

一方、南満洲、特に奉天以南では気候的に恵まれていたこともあって、主食の高粱やトウモロコシのほか、綿花、ケナフ、葉煙草、落花生、果樹、蔬菜など、様々な商品作物が栽培されていた。

工芸農産物としては、ケシ、山繭、葉煙草、綿花などがあった。

ケシがアヘンの原料であることは夙《つと》に知られていた。満洲に於けるケシの主産地は、北満では松花江流域、特に吉林地方、南満では奉天から鉄嶺にかけての一帯にあった。

最もケシ栽培の盛んな松花江中流域では、「幾万町ノ園圃ハ美麗ナル多種ノケシ花ヲ以テ覆ハル」と描写されるほどであった。吉林地方ではアヘンが通貨の代用を成すほど普及したといい、また山東からの出稼ぎ人も、通貨の代わりにアヘンを持ち帰るほどであった。

ケシは既に満洲では重要物産の一つであった訳で、アヘンの吸飲者も日を追って増えている状態であった。

満洲の養蚕は、ほとんどが遼東半島の南部で行われるに過ぎなかったが、十九世紀末の頃から蚕糸の日本輸出が始まり、糸価が上昇した事もあって、次第に遼東半島の北部でも養蚕が見られるようになった。例えば満洲東南の寛甸《クアンデン》県は養蚕地として有名であり、場所によっては高粱やアワなどの常食さえ購入品で済ませ、村を挙げて養蚕業に従事するほどでった。

葉煙草も満洲各地で栽培されていた。満洲に於ける葉煙草栽培地域は、奉天地方の東部と吉林地方の南部山地、吉林地方北方の牡丹江流域や五常県の拉林河上流地方であった。満洲の葉煙草は、「品質佳良ナルヲ以テ名アリ」とされ、満洲土産の葉煙草として北京に送られていた。

満洲には畜産の歴史もあり、最も普及していたのは養豚で、豚毛は外国への輸出品ともなっていた。吉林地方からだけでも年間十万頭余の豚が北京に送られていた。牛馬の飼育は、耕作、運搬、搾乳などが主な目的で、食肉用の牛馬の生産は余り盛んでなかった。

農業開拓地として開かれていた満洲では、工業は微々たるもので、農家家内手工業の外に、各種の農産加工的な小工業が各地で誕生していた。

主な工業品は、高粱酒、大豆油（粕）、柞蚕糸《さくさんし》、農具、筵《むしろ》、瓦、塩などであった。高粱酒を作る焼鍋《しょうか》と、大豆油（粕）を作る油房とは、二十世紀初めの満洲の二大工業であった。

高粱酒は、焼酎の一種であるが、その製造法は他に例を見ないもので、独特の固形発酵法によるものであった。非常にアルコール度の高い高粱酒は、間もなく開拓地の冬場の生活必需品となり、満洲の何處にでも焼鍋が見られるようになった。

満洲では、焼鍋のことを「此ノ商業ヲ以テ他ノ商業ニ冠タルモノトス」という位であったから、油房と並んで中華商業資本の格好の投資先となっていた。

焼鍋の経営者は、大抵土地の富豪であり、住民も焼鍋の存在することを地域の名誉と考えた。焼鍋業者の屋敷は相当広大なもので、その規模は「尋常ノモノニアラス其ノ最モ狭小ナルモノニテモ尚ホ一万町ノ面積アリ」という様に、辺りを払う偉容を誇っていた様である。

一個の焼鍋が使用する労働力は、職工、苦力その他合計して少なくとも五十～六十人、大きいものでは百人を超えた。賃金のほか食料も雇主が負担していた。また、製造工程では牛馬、ラバ、ラクダなど十～五十頭の役畜を用いた。

十九世紀末ごろから、奉天などの焼鍋業者の中には油房や雑貨商などを兼業する者が増えて来た。特に、油房の場合には、広い敷地、多数の職工、ラバなどを兼用できるので、此れを兼業する業者が多かった。

製塩業は、海塩の豊富な南満の沿岸部でいくらか発達したが、やがて日本の資本が注目して開発が盛んになった。また、海のない北満洲では山塩が取れた。

柞蚕業は、始めのうち商品化されたのは山繭だけであった。原料繭の三分の一以上は芝罘《チーフー》に輸出されていた。製糸の器械化が進んでいたからである。柞蚕糸は、日本への輸出が伸びたため満洲特産品の一つとみなされるようになった。すなわち、「野蚕糸ハ満洲殊ニ奉天省ノ産物中豆類ニ次グ重要品」とまでいわれるようになった（小峰和夫）。

第三章　先遣隊の入植

一九三二（昭和七）年十月三日、団員服にリックサックを背にし、足ごしらえも厳重な一団の人々が、明治神宮の神前に黙祷を捧げ、やがて声高らかに弥栄《いやさか》を三唱し、それより堂々と行進を始める所であった。

先頭には、ほほ髭も深い人物が感激に興奮する面持ちであった。

一団の人々があの大鳥居の前に行進して来た時だった。

「先生、おめでとう！」

と、歩み寄った中佐の肩章を付けた軍人が、ほほ髭の人物にそう慶びの言葉を述べたのだった。

「あッ、石原さん！」

そういう人の声も震えた。

眼にも濡れて光るものさえ見えた。

「よく出来ました。何よりですね。僕もここに来て待っていましたよ」

「いろいろと。お陰様でこれから出発する所であります」

その声は慶びに堪えぬものだった。

「では、ここでお見送りを致します」

こうして見送る人と、ほほ髭の深い人とが誰であるかは言うまでもない。その一団の人々こそ、今北満の壮途に就かんとする**武装移民**の姿であることは言うまでもない。

堂々と行進する五百人の一団、今こそ労苦なって喜びに堪えぬ加藤完治の晴れ姿！

一行は道行く人々の視線を浴びつつ東京駅に到着。そこには更に夥しい見送りの人と旗、旗……。

祝、北満の壮途へ！

それはさながら出征の門出にも似て、感激と晴れ晴れしい出発の光景であった。

神戸港を発し、大連港外にはランチを走らせた東宮が一行を出迎えた。

「御苦労でした」

船上に駆け上って、今見る一団の人々に対して東宮は胸にこみ上げる嬉しさを抑え切れなかった。

「東宮君！」

「加藤さん！」

今再び相見る二人、今ぞ、固く握りあう二人の手、ああ、これこそ北満の開拓者のみ知る感激の握手だった。

そして、更にあの山崎芳雄嘱託（前拓務省顧問）さえ、そこに団長として乗り込んでいたのである。

弥栄の声も高かった。


一行は東北、北陸、関東の農民出身の在郷軍人で、四百九十二人。在郷軍人会を通じて募集したもので、幹部は市川中佐、熊谷大尉、工藤・須永・沓澤中尉、それに佐藤、平田の両農事指導員、団長山崎芳雄というメンバーであった。

九日　奉天下車、北大営の見学と日本国民高等学校との合隊
十日　武藤信義軍司令官の閲兵と訓辞
十一日　哈爾浜着、広瀬寿助第十師団長の訓辞と一行の来着を祝う于将軍の饗応
十三日　哈爾浜発、下航
十四日　依蘭着
そして、その日の夕刻、佳木斯に着いたのだった。

哈爾浜を発つ時には、船に多田駿少将満洲国陸軍顧問も同行され、東宮公館員の西山勘二ら二人が、初めての人達に何かと世話するのであった。

そして冬季冬籠りの食糧や器具や夥《おびただ》しい荷も積み込まれた。

こうして、前途を祝福され、共に希望を抱いてここまで着いたのに、天の無常か、先駆者への試練か、そこには苦難の一歩が待っていた。否、否、その夜から始まるのであった。

佳木斯とて初めての土地だ。満々たる松花江上、彼方に見える灯の辺り、初めてみる街があるのだ。旅の疲れも旅愁も誰の胸にも湧くだろう。せめて街など見て忘れたかったであろう。

だが、上陸も許されなかった。

それは佳木斯に着くや否や、既に匪賊が待っていたのである。移民団の一行を船に残して、現地側の人達だけで上陸した。

その夜の十時頃、果たして佳木斯の街は匪賊に襲撃された。小銃の音、機銃の響き、野砲の音まで、初めての人々を驚かせた。いくらなんでも早すぎる匪襲だ。

東宮は直ちに吉林軍を指揮して匪賊を攻撃せんとしたが、攻撃どころではなく防戦も及ばない状態で司令部に退却する有様だった。

司令部までは流石に攻撃せず街を荒らして去ったが、その夜、更に襲撃を繰り返した。それが匪賊の手でもあった。一回は目ぼしいものをさらって追撃がないとみると、更にやって来て根こそぎさらっていくのだ。

午前一時、今度は城内に進入した。司令部には多田駿少将がいる。東宮はやはり今日同行して来た芳賀大尉に少将を托して、東宮公館の西田勘二と共に西門に急行した。吉林軍も各地で防戦しているが、西門は既に焼かれて危険だった。手榴弾で以って応戦中、急報によって依蘭を出発した伊藤中尉の率いる日本軍が到着したのだった。

日本軍の来援によって匪賊を撃退したが、その第一夜、移民団の人達は銃砲弾の飛来する松花江にまんじりともせず夜を明かしたのだ。

十月、既に北満は寒かった。思わざる一夜を明かして上陸し、匪賊に荒らされた街を眺めながら、移民団の一行は宿舎へ急いだのであった。

「内地ではない事だ。しかしいい経験だったよ」

「それにしても早すぎらァ」

「こんな所で暮らすのだな。おいらの街より小さいャ。成程なァ」

人々はいろいろの感慨を抱きながら、当てが外れた宿舎に入ったのだった。

宿舎といっても、そこは糧秣倉庫を改造しただけの粗末なもので、もちろん電気もなかった。ランプすらなかった。夜は薄暗いロウソクの灯で暮らした。それは余りにも想像を外れた生活であった。

「これじゃ、騙されたのだ。とんでもない所へ来てしまった」

と、不平を顔に出すものもあった。

宿舎には「**屯懇第一部隊**」と書いた看板が掛かっていた。

そして一週間経っても先へ行く気配がなかった。相変わらず第一屯懇部隊にあって無用な日々を続けるのだった。

「いつ仕事を始めるのだ」

先の目標に不安を感じてそう言うものが多くなった。

「当分警備だと言ったじゃないか」

「警備なら警備でそういう服装をさせたらいいじゃないか。俺たちはこうして着の身着のままだぜ。シラミが湧いてきた」

当分佳木斯の警備に就くことは幹部からの申し出であったが、あの第一夜の匪賊の猛烈な匪襲を見ては、内地の平穏な農村に帰りたかったのである。

何時匪襲を受けるかもしれないその日々の生活が一種の恐怖を抱かせたのである。実戦の経験のない者にとって、それはやむを得ないものであった。

勿論遊んでいるのではなく、全員を四個中隊に分けて、それぞれ警備訓練を施しているのだが、然しそこには応募者心理を離れていたのである。

「募集に応じて来さえしなかったらば、こんなことをせんでも良かったのだ」

そこに不平と不安の原因があるのだ。

時間と日々が少なかったために拙速に募集し、わずか三週間で内地訓練を拙速に施したばかりに、そこには意志の薄弱な者もあったろう。訓練の目的をしっかりと飲み込まぬ徒もあったろう。それに何分とも前例の無い第一回の屯墾隊である。しかも事変後一年で、人の心も非常時ではない、最初の覚悟を忘れていくものも少なくなかったのだ。

東宮もそれがよく判っていた。しかし黙ってはいられない。

「君たちは日本農業移民として来ているのは確かだ。しかし、それ以上に屯懇隊として来た事を忘れてはいかん。今こうして佳木斯で警備に当たってもらっているが、諸君は精鋭な日本帝国の在郷軍人ではないか。警備を怖れてどうする。また恐れるに足らん。今、自分は満軍を指導し、吉林剿匪軍を編成し当たっているが、その軍は既に諸君が見ているように、誠に無力なものだ。将来一朝事ある場合に頼みにならぬ。諸君は、そこでこれらを指導するような気力を持ち、如何に日本の屯懇隊が優秀であるかという事実を示して貰いたいのだ。今未だ予定地に入植できぬのは諸君のみではない。この東宮とて遺憾に思っている。しかし治安が確立しないと開拓が出来ない。勿論入植した以上、諸君が治安を維持する覚悟を持っていることは承知している。また諸君の一人で匪賊十人、否、百人を引き受けて大丈夫だ。ただ、要は気力だ。その気力を望むのだ。

今日ここで警備に当たっているのも、これは諸君の訓練なのだ。諸君は単なる出稼ぎ移民ではない。その精神をはっきり自覚して貰いたいのだ。一旦覚悟して来た者が、ロウソクの光では暗いの、シラミが湧くから厭だのそんなことでどうする。

諸君は荒野に立って、自ら鍬をとる先駆者の名誉を担うものではないか。アメリカの大を為したものは移民だ。大西洋を越えて、あの広大な土地に渡って、矢張りインデアンや匪賊と戦いつつ土地を耕したのだ。その先駆者の足跡が今日のあの大なる一歩を築いたのだ。

諸君は最初の先駆者だ。名誉ある北満の開拓者なのだ。英国が何故植民地政策に失敗したのか、それは出稼ぎ移民を送って、土着民を作らなかったからだ。諸君も、この大陸に我が国がどれだけの犠牲を払ったかはよく承知のはずだ。しかし今日までどういう成功をしているか。いたずらに満鉄沿線のみに事業を起こして、結局満洲事変を起こしたに過ぎぬではないか。それは都会地ばかりを目標としたからだ。日清、日露の戦に倒れた勇士の血は土地に沁みているのだぞ。しかもその勇士は農村の人々だ。諸君の父兄だ。諸君は洋服浮浪人になりに来たのではない。父兄の業を受け継いで、この大陸に来たのだ。あくまでも日本の農民を代表して大陸の開拓者たり、先駆者であるという内地での訓練を忘れないで貰いたい。しかも諸君は他力ではいけない。自力で開発することを忘れないで欲しい。及ばずながら、自分も諸君のために出来るだけの労を取る。また出来るだけのことはするつもりだ」

東宮は声を大にして説くのだった。

「どうせ生まれて来たからには、どこで死んでもいいじゃないか。御国のため、天皇陛下の御為に死ぬのは、男としての面目、これほど意義あることがあろうか、死を賭してみんなで捨石になろうではないか。俺も他日みんなの仲間に入って百姓をするぜ」

こうして移民団を激励しつつ、東宮は佳木斯滞留に少なからず肝胆砕くのだった。しかも外部の非難を浴びながら。

それは依然として消えぬ北満非難であったが、今は非難の矛先が東宮の身辺に向けられて来たことだ。

―北満の厳寒に向って移民を入れるという愚策を笑う。移民地選定の誤れることは勿論であるが、佳木斯に到着せる移民はこの厳寒期に何を為さんとするか、冬期半年は農閑期というより、北満の如きはむしろ冬眠期である。移民を冬眠させるつもりか。この愚策を行わんとする当事者の意図どこにあるのかを笑う。入植時期を誤れる既に斯くの如し―

それは哈爾浜に於て、謂わばお膝元からこうした痛烈な非難が向けられたのだ。哈爾浜新聞の紙上でも堂々と攻撃の矢を放ってきたのである。

一九三二年十二月二十日　現地視察する。

第一次移民の入植地となっている**三江省樺川県永豊鎮**《えいほうちん》は、佳木斯から行程十三里、勃利《ぼつり》との中間にある部落で、付近一帯は未墾の沃野だった。そこに四万五千町歩という広大な入植地が予定されていたのであるが、勃利地方一帯には大匪団がいるのと、永豊鎮付近にも小匪が盛んに出没していた。

入植するについてはまずその匪族の問題が重要だった。そこで一同佳木斯で越年することになって、その間に匪賊の偵察をすると共に、警備訓練と入植下準備をしておく手筈にしたのだった。

ところが、匪賊の方では屯墾隊の佳木斯上陸を素早く嗅ぎ付けて、「屯墾隊が来れば皆殺しだ」と、気勢を挙げているのだった。

勃利の近くに駝腰子《トゥオーヤオズ》という村落があって、その辺は砂金鉱地として有名だが、その砂金を採っているのが匪賊であった。金鉱局まで組織し、周雲斤《しゅううんきん》を頭目とする数千の匪賊が付近一帯に巣喰っているのだが、その匪賊が、

「屯墾隊ではない**屯匪**だ。屯匪が来ると裸にされてしまうぞ。食い物もみんな取られてしまうし、第一あんな奴らが来たって、何にも呉れやしないから」

と、土民を扇動しているのだった。

砂金のおこぼれに与かっている土民達を巧みに利用して逆宣伝を言い触らし、扇動し入植拒否の手段としていた。

「屯匪が来れば大挙襲撃し、一晩のうちに皆殺しにしてくれる」

と、そう言って住民を手なづけ、警戒させていたのだった。

いつかその噂が佳木斯も聞こえてきた。移民たちには気になる噂だ。

「匪賊が我々の行くのを待って襲撃するという噂です」

と、隊員の一人が東宮の所に注進した。

「アッ、ハハハ。そんなものを怖れる奴があるか。八千居ろうが、一万居ろうが、相手は兵隊じゃないのだ。匪賊を怖れてどうする。君たちは在郷軍人じゃないか」

東宮は笑って元気づけた。だが屯匪という名はすっかり広まってしまった。

「屯匪とは上手いこと言いやがる。なるほどこれじゃ屯匪かも知れん」

そして不平が去らぬ一部の隊員は早速それと結び付けて、また不平の種とするのだった。

「この風采を見ろ。どう見ても屯匪だけのことはある」

着たきり一着で、埃と泥に汚れ、つぎはぎだらけで、顔は垢で黒くなり眼ばかりギョロギョロしているし、髪は伸びるままにボウボウとし、まるで山賊のようだ。それで遠くの部落へ警備に行く時など、腹の空いた時にと沢庵を腰にぶら下げたり、肩には鉄砲を担いだり、どう見てもそれは屯匪という言葉が当てはまるような格好だ。

「屯匪はいいが、然し俺達は騙されたのだ。こんな風采をしてこんな土地で他人の警備をするなんて、こんなことなら内地に居て貧乏世帯でも、その方がましだ。治安もいいが、このざまは何だ。幹部は一体どういう気なのだ」

「俺は小遣がねェ」

「俺も持ってきた金はきれいに使って一文もねェ」

「酒でも飲まなきゃいられねェ」

「そうだとも」

「俺はねェから徴発しろ」

そう言う過激な者まで出て来た。

殺風景な中に不足がちの生活をしていると、そういう気持ちになるのだろう。酒と女と博奕と喧嘩は付き物だ。他国で働く者の免れない一つの型だ。忍苦する人達ばかりではない。そうした不良と罪悪とは移民地に付き物なのだ。今北満の果てまで来て、不足と不平のやり場を酒に求めて、その挙句に隊員同士で喧嘩まですするのも、これは移民地風景の一つなのである。

「貴様は嫌に幹部の肩を持つ奴だ。俺は内地で言われたことを忘れはしねェ。だから癪に障るのだ。拓務省の役人に一辺来て貰いてェ。これじゃ何しに来たのか解らねェ」

「そうだとも、酒でも飲まなきゃ馬鹿くさくて仕方がねェ。金がねェから徴発するのだ。馬鹿野郎、おれたちは屯匪じゃねェか。いやに幹部におべっかしやがるやつだ」

喧嘩の尻は必ず幹部に持ち込まれる。宿舎の中は乱れがちだ。

幹部はその慰撫に骨が折れた。

予算には限りのあることだ。それも潤沢ではない。やっと議会を通過させたような有様で、謂わば試験的な立場に置かれているのだ。酒も金もふんだんにつぎ込める場合でもなければ、又そんな性質の事業でもない。

「僕らはどうでもいい。ただ、ここで隊員たちの不平が爆発されたのでは笑われる」

「どうも段々不平分子が多くなる。こういう有様では他の隊員の士気にも影響する」

幹部は頭を痛めた。

鉄男も同様だった。鉄男は幹部と違って自分の公館を持っていたし、吉林軍の司令部に勤務する身だ。毎日隊員たちと共に居る訳ではないが、忍苦のないそういう隊員を見ると黙ってはおられなかった。

「みんなの不平不満もよく分かっている。しかし日本の在郷軍人としての規律と正義を忘れないでくれ。屯匪と言われて、心まで屯匪にならないでくれ。諸君の行動が笑われるようになると、それが敵匪に利用されるだけだ。諸君がその風采で一日十五里の山道を警備に歩く、その姿を僕は涙で見送っているのだ。どうか祖国の立派な先駆者であってくれ。我々の祖先が高千穂の峰に国土経営の一歩を印したのは、洋服を着て来たのではない。今第二の高千穂を作るための諸君だ。僕は諸君が警備に出かけて行く姿に合掌しているのだ。どうか暫時の辛抱だ。酒も飲んでくれ。決して何もするなとは言わぬ。只しばらくの忍苦を頼みたい。幹部の人達も苦心しているのだ。どうか幹部の人達に従ってくれ」

そう言って東宮は戒めた。また表ではそう言いつつ、裏では慰安を忘れなかった。屯匪の評判が高くなるにつれ、哈爾浜や吉林や長春や、奉天までも出向いては隊員たちの労苦を述べて慰問文や慰問品を集めて来た。

身を切って酒を与え、またロシア煙草が珍しかろうと気を配って、それを買って来ては与えた。そうした東宮の心遣いは隊員の心に沁み込んで入った。

「東宮大尉でなくては駄目だ」

そういう気持ちが隊員たちに誰彼となく分かって、幹部に対する不平を述べるのだった。その不平を東宮によく持ち出した。

「いかん、それは君たちの方が間違っている。幹部は君たちを指揮する命令を持って来ているんだ。一人一人が不平を並び立てたら幹部はどうする。小さな個人的な不平を並べるのではない」

東宮はそんな場合判然として理非を正して叱り付けた。

「幹部を批議するようなことでは大事は出来ない。僕は決して君たちを責めるのではない。しかし君たちを指揮するのは俺ではない。君たちの苦労も不自由も知っている。俺にもその責任の一端はある。いや、責任はみんな俺にあるのだ。しかし、俺は知っての通り満洲国の役人だ。だから君たちを指示する事は出来ないのだ」

東宮も隊員たちの不平には困った。しかしこのままでは不平は募るばかりだった。幹部の慰撫など聞かなくなった。

東宮は意を決し現地踏査をやらせることにした。不平の根本は矢張り先の見通しがつかないからだ。

「一度現地を見せた方が隊員も納得するだろう」

と、東宮が幹部に相談すると、幹部もそれに賛成だった。

「そうして貰えばこの際結構だが、軍隊の方はどうでしょう」

勿論踏査隊だけで行けるものではなかった。そこで、その方は東宮が交渉するようにしたが、駐屯部隊では賛成しなかった。

「匪賊が出ても却って納得させるに良いでしょう」

そういう事で、無理にも踏査行をすることになって、駐屯部隊からは二個中隊の歩兵と砲兵隊を付けてもらう事にし、それに東宮が吉林軍を引き連れて加わることになった。

踏査隊は半数という事にして、護衛の兵の方を多くするという用心振りだった。そうして永豊鎮に向ったところ、早くもその情報を手にした匪賊は途中に待ち受けて、一行が来るのを見ると襲撃して来た。

踏査隊員もこれにはびっくりした。

「進めッ」

東宮は吉林軍の先頭に立って指揮するが、吉林軍はなかなか進まない。日本軍が進むと匪賊は退却する。退却するがまた出てくる。

「よし、大砲一発ッ」

「何處へ撃ちますか」

「何處でもいいから一発早く撃てッ」

そういう東宮の号令なので、ドカンと前方に向けて大砲一発。

「それ突撃ッ」

そうすると吉林軍も突撃した。匪賊も大砲の音で退却した。実は鉄男はこの呼吸を飲み込んでいるのだ。大砲は空に向けて撃ってもいいのだ。その音だけで匪賊も退却し、吉林軍も突撃するのだ。大砲の音に驚いて再び匪襲もなく、一行は永豊鎮を見る事が出来た。

「入植地は此処だ。この広大な土地を耕すのだ。しかしああして匪賊がすぐ出てくる。諸君もよく分かったろう。匪賊なんて大砲の音で逃げるのだ。しかし鉄砲や機銃を持っているので油断はならん。諸君が未だ匪賊を飲み込んでおらんから危険といえば危険だが、飲み込んでいれば恐れる必要はないのだ。諸君が入植する前に大体の討伐はしておくから、その後は諸君でやるのだ。それまで辛抱して貰う」

こうして踏査隊は三日の行程で佳木斯に帰って来た。

鉄男の討伐振りが宿舎の一つの話題になった。

「勇敢だったのは大尉と日本軍だけだった。幹部なんか駄目だ」

「匪賊の銃弾がヒューヒュー飛んでくる中で、軍刀を振りながら指揮するのは大尉だけだったよ」

「しかし、よく屯墾隊は匪賊と縁があるのだな。また今度入植する時にも出るのだろう」

こうして、不平分子の鎮撫の策を講じても、それでも強制されなかった。なにかにつけて不平を並び立てる者が絶えなかった。勿論、五百名の大勢の事だから、それはむしろ当然かも知れなかった。一方、屯匪の噂も絶えなかった。匪賊はまた屯墾隊を目の敵にしているのだった。そして、又匪賊の逆宣伝に乗じられて、奥地部落の住民たちも屯匪を信じる有様だった。

そういう有様の時、また一方で妙な噂が出て来た。

「永豊鎮には今度日露戦争でロシアを破った日本の軍人が千人、屯墾軍となってやって来るが、この屯墾軍は世界で一番強いそうだ。大砲も持っているし、匪賊がくれば皆殺しにするんだそうだ」

そういう噂だった。文字も知らない住民の間に段々それが広がって来て、それをそのまま信じるようになった。誰が言うともなく広がっていくのだ。屯墾の宣伝と世界最強軍との兼ね合いだが、

「この世界一の軍隊が来れば、皆安心して寝られる。匪賊なんか来ても怖いことはないから心配いらぬ」

どちらが匪賊か分からぬが、という風な無知な住民にとっては、この噂も馬鹿には出来ないのであった。

屯墾隊の佳木斯上陸以来、公館員は何かと仕事が多くなった。

「親父はあのように忙しい。今、親父はなくてはならぬ人間だ。この大事な人間を無闇に使ってはならぬ。また危険に曝しておいてはならぬ。俺たちは親父を守るのだ。親父には大事がある。公館員で間に合う仕事はどしどしやってやろう」

公館員の間には誰いうともなくそういう申し合わせが出来上がっていた。

「公館員は、幹部として立ち、吉林軍の中からも骨のある優秀なものを選んで、飽くまでも戦闘隊として編成したいと思う」

という事で、東宮が吉林軍の中から真にしっかりしたものを選んで一隊を編成した。

その名は、**常勝隊**！

曾ての清朝の末期、清朝を苦しめて太平天国を呼号した一介のキリスト教徒、洪秀全《こうしゅうぜん》の長髪軍を撃破した英人ゴルドンの常勝軍にも似て、我が常勝隊こそ必ず宗匪を征服する！

その確信と意気とに燃えて起こったのが常勝隊であった。

隊長は西山勘二。

彼は東宮秘蔵の闘士で、既にその豪勇は匪賊の間にも「群馬西山」として怖れられている人物だった。

更に、白土、堀、福永、高橋、杉山、明石、金子等いずれも東宮公館員として一騎当千の豪の者揃いだ。

そしてこの常勝隊は于司令官の許可を得て、日系別働隊として認められたのだ。

指揮官として、東宮と神田大尉とが名を連ね、本部は東宮公館だった。隊員は胸に番号入りのマークを付け、番号には于司令官が印を押した。

この常勝隊は、人数は一小隊であったが、実に特異な存在であった。服装も整備する余裕がなく、日満合の子という格好だが、拳銃と鉄砲と、そのほかに各自腰に大太刀一本ぶち込んでいるのだ。

「匪賊だッ！」

「よしッ、常勝隊出動ッ！」

直ちに隊長以下出動、匪賊といえば真っ先に飛び出すのが常勝隊だった。行動が実にきびきびしていた。一旦第一線に立てば精悍無比、進を知って、退くを知らぬという攻撃精神を発揮して戦うのだ。

常勝隊が誕生して半月、もうその年も暮れるという時、佳木斯の対岸から紅槍会匪《こうそうかいひ》を攻めていた日本軍は、鶴立鎮《かくりつちん》攻撃の火蓋を切って落とした。

常勝隊はこの鶴立鎮攻撃に際して、「紅槍会は目指すやつだ。一つぶち破ってくれよう」と、進んで協力を申し込んで、その最左翼に参加したのだった。

「弾が当たらぬか、この腰の一刀が用をなさぬか、眼にもの見せてくれるぞ！」

という意気だ。

地形を案じて作戦を凝らすなどという戦法ではない。敵を睨んで撃ち、ここから突破すれば良しと思えば一気に突破するのだ。最左翼に立って、その戦法を執った。射撃にかけても皆腕は達者な方だ。パチパチと撃ちまくった。彼らに迷いがない。弾は当たった。

「出て来んな」

隊長西山が敵の様子を見ていたがその途端に、

「よしッ、正面突っ込めッ！」間髪を入れず突撃だった。

背嚢も背負わず、雑嚢もぶら下げず、まるで彰義隊の様な格好で、身軽い突撃だ。そのまま友軍を抜いて敵中に切り込んでしまった。

紅槍会匪も何もあったものではない。その果敢な戦闘振りに至っては唖然たる程で、逃げるを拳銃で射ち、来るを太刀で切りまくった。追い付いた日本軍もこれには驚いた。僅か一個小隊の常勝隊が初陣にも拘らず、敵中突破の果敢な戦闘振りを見せて、偉功を立てたのだ。

こうして鶴立鎮攻撃に常勝隊の手並みを示した。

「実に勇敢なり。常勝隊の偉功を賞す」

攻撃部隊長である飯塚連隊長より賞辞を貰ったのである。

対匪戦の根幹として、常に第一線に殊勲を建てたばかりでなく、帰順、宣撫《せんぶ》（占領地で、占領政策の目的・方法などを知らせて、人心を安定させること）、或は屯墾隊関係への協力援助等、常勝隊の活躍は目覚ましいものがあった。

それればかりではない。鉄男の遠大なる北進論の実行者として、

「一朝行事の時は、我が常勝隊は最前線突撃突破隊だ」

そういう確信も抱いていたのである。

「アムールを制するものこそ、亜細亜を制するのだ」

これは鉄男の信念であった。

この鉄男の信念を確信する者が常勝隊であった。

年齢からいえば二十二、三才から二十六、七才という青春多感な若者達である。国家のため、祖国への愛をなくして、誰が雪凍る荒野の果てに吾と吾が身を曝さんとするぞ。

しかも野の壮志とて、報いられるものもない壮志なのだ。

「言わば言え、祖国への熱情と、東宮大尉への敬慕とは、この五尺の体をして敢えて北満の一個の捨石たらしめるのだ！」

喜んで死に赴く彼等なのだ。常勝隊の名は北満の華だった。

一九三三（昭和八）年二月十一日、その日は祖国の紀元節で、高千穂の峰より建国の黎明が差し始めた日だ。その朝まだ明けやらぬ五時、外は零下三十八度という物皆凍る寒天の下、宿舎を発って屯墾隊武装移民の先遣隊百四十名が奥地に向かうのだ。

先遣隊長熊谷大尉の下に、これを二個小隊に編成し、**佳木斯屯墾第一大隊**と称した。

佳節の弥栄を三唱し、それより佳木斯を出る時、東南門外に待ち受けていた東宮の指揮する吉林軍二千と、常勝隊と東宮顧問保勝隊とが合流した。

保勝隊は、帰順将兵で組織した偵察部隊だった。

それより堂々と行軍を越し行程二日、途中横道河子《オウドウガシ》に一泊し、翌夕方、目指す三江省樺川県永豊鎮に到着したのだった。

「弥栄！　弥栄！　弥栄！」期せずして弥栄の声が起こった。

唯、荒涼たる光景は初めての者を驚かした。しかし部落の人達は喜んだ。そして、その人達の手伝いを受けて宿舎に入った。

勿論、宿舎といっても民家だった。屯墾隊のため佳木斯県長の斡旋により、住民は家を貸し、移転料まで貰って、暫時立ち退くことになっていた。匪賊どころではなかった。だから二千数百の同志を迎えて、住民は喜んで宿舎を提供した。その夜の一寒村は俄かに賑やかになった。

こうして、先遣隊の入植は先ず後続部隊の入植準備にあった。一部は討伐部隊の協力を受け持ち、主力は熊谷大尉統率の下にその準備作業を行うことになった。

農耕地の偵察、地図作成。

移転後の空き家の修理。

建築と伐木。

石灰山から石灰搬出。

倉庫の開設。

薪炭の準備。

兵站と輸送車馬の確保。

忙しいそれらの仕事が始まるのだ。一日休憩し、十四日から各々定められた部署に着いて、作業を行うことになった。

かくて、氷結の野、拓地建設が始まったのである。

討伐部隊も十四日から行動を越し、吉林軍の主力は楊吉林軍総長がこれを指揮し、東小隊長の率いる屯墾隊と資源調査に行く山崎団長とが参加した。

一方、東宮は吉林軍の一隊と常勝隊及び屯墾隊とを合した奇襲隊を指揮し、共に駝腰子《トウォーヤオズ》に蟠踞《ばんきょ》する周雲斤《しゅううんきん》の討伐に向った。

この駝腰子の戦闘で、図らずも屯墾隊最初の犠牲者を出すに至った。福島県出身の渡辺熊治の戦死だ。屯墾隊機関銃の五番弾薬手として参加し、高地鞍部の戦闘で頭部に貫通銃創を受け、弾薬箱を持ったまま戦死したのだ。それを発見したのは西山隊長だった。

「負傷者だナ」

西山隊長は直ちに駆け付けてみると、倒れているのは屯墾隊員だった。良く見ると負傷ではなく戦死しているのだ。

「戦死者がいるぞッ」

と、西山隊長が叫んだ。

その様子に東宮もその場に駈け付けて来た。

「どうした」見ると戦死だ。

「うん、屯墾隊員の戦死か」

「負傷かと思っていましたが、頭部をやられておりました。残念ですが」

「うん…」と、鉄男の顔は沈痛だった。

「すまなかった。西山、被せて置け、それから終わるまで屯墾隊員には黙っておけ」

まだ敵の銃弾は飛んでくる戦闘中だ。東宮はその場の処置を命じ、再び指揮を執ったのだった。

そうして戦闘が終わった時、東宮は常勝隊と屯墾隊員とを連れ駆け付け、懇《ねんご》ろに葬って、隊員にも永別させた。戦死は戦場の常だが、鉄男は入植早々のこの不幸に対しては心痛せずにはいられなかった。

戦死者を戦友、同志の手でその場で荼毘に付したのであるが、

「申し訳ないことをした」

茶毘の煙の中にじっと黙祷する鉄男の頬には涙が伝っていた。その姿には今の今まで山頂に立って指揮し、叱咤していた姿はなかった。

「すまなかった」

鉄男は心に詫びているのだった。

不幸な出来事であるが、しかし、それは先駆者への一つの試練なのだ。


駝腰子の周雲斤匪を討つと屯懇隊も二手に分かれ、一隊は山崎団長と共に残って付近の資源調査をすることになった。

他の一隊は更に討伐軍と共に勃利に蟠踞する陳刀山《ちんとうざん》匪の討伐に向かう事になり、爾後《じご》一月半というもの討匪行のその日その日を送るのだった。


東宮は凡そ三百回に近い討匪行をしている。中には謝文東《しゃぶんとう》匪の如き三年間に亘るものがあった。東宮はこの討伐では心身を削る労苦を重ねた。

土竜山一帯は、依蘭・樺川・勃利三県の境界にあり、土地は肥沃で、農耕に適した地域であった。

一九三四（昭和九）年一月、関東軍はこの一帯に日本人武装移民を入植させるため、依蘭、樺川、勃利各県を初めとする六県で、可耕地の大規模な強制買収を始めた。

買上価格は、熟地と荒地とを分けずに、一律一ヘクタール当たり一元とした。当時依蘭県の土地時価は、熟地で百二十一元から六十元、荒地で六十元から四十元であった。強制買収に抗して地券を出し渋る農民に対しては、農家の壁を銃床で叩き割るなどしてまで、これを探したという。また関東軍は、治安維持を理由に農民が自衛のため所持していた銃器類を没収した。当時北部満洲地区で、警備網も手薄であり、自衛のために銃器類は必要であった。このように農民たちにとっては生命と財産の保障が失われると感じられたのである。

土竜山事件というのは、移民の入植によって彼らの土地が没収されるものとし、所謂地租権に反対したもので、謝東文を総司令として武装蜂起した農民一揆である。

謝文東は元来純朴な農民で、土竜山の東方八虎方屯の保董《ほとう》という日本で言えば町村の区長の如き役をした人望家で、その匪乱を起こした原因が反満抗日にあるのではなく、直接移民を敵としたところに異なるものがあった。

謝文東は「民変の義人」といわれ、日本人移民団の放逐と江東自治権の確立を標榜して、東北民衆軍を編成した。この情報が、依蘭県内外に伝わり、各地農民が手に手に武器をもって集まり、総数六、七千名もの大群となった。

三月九日、東北民衆軍の農民たちは日本人移民団を包囲し、警察も武装解除させた。翌三月十日、依蘭県駐屯の歩兵第六十三連隊が駆け付けたが、飯塚連隊長以下十九名が戦死する結果に終わった。

三月末、土竜山区から撤兵した関東軍は、政治的には威嚇と利益誘導、軍事的には大群で包囲攻撃をするという二面作戦を採用し、民衆軍を孤立、分化、瓦解させていった。七月下旬には、民衆軍は八百名ばかりとなり、十月初め、樺木崗にて関東軍の襲撃にあった民衆軍は大きな損害を受け、謝は、依蘭県吉興河の深山密林地帯に逃げ込んだ。

農民への同情があるため討伐が困難を極め、のみならずソ連からの赤い魔手が裏面に動いていた。ソ連の扇動は巧妙を極めたもので、貧窮に苦しむ無智な農民がその宣伝に乗じられたのも無理からぬことだ。

「東宮を殺せば移住は潰れる」

として、彼らは東宮を付け狙った。東宮はその危険の中に身を曝して、討伐に余念が無かった。そしてとうとう三江省夾信子《きょうしんし》の討伐に於いて右肺貫通銃創を受けたのである。

重傷であったものの、幸い癒えて更に討伐に乗り出したが、何分にも農民が謝文東を庇う為に常に彼の居場所を突き止めるために骨が折れた。

一度は東宮を囮《おとり》に謝匪の襲撃を誘い、これを討伐せんとする工作まで行われたほどであった。

しかし元来が農民であるため、これを討伐することは爾後に影響を及ぼすことを考慮し、帰順工作によってこれを鎮圧する方針を採り、謝文東が帰順すればその他の農民は従って帰順する性質のものであった。

「謝に会い、謝が帰順せれば良し、しなければ刺殺して俺も切腹する！」

東宮はそういう覚悟を持って、謝文東を追ったのであった。

東宮の謝文東事件に対する苦労は生きるか死ぬであった。更にそれに付随して起こる種々の問題が発生し、謝文東蜂起は東宮をして深刻な精神的苦悩に落としたものであった。

飯塚連隊長の戦死は鉄男を深刻にさせ、連隊長を中心に戦死した人々の名を全部連らねた位牌を作り、鉄男は朝晩読経を怠らなかった。

謝文東は後に東宮の温情によって帰順したが、この事件で東宮は信頼していた常勝隊長西山勘二氏の戦死に会ったのである。西山隊長の戦死の報を受け取った時には流石に憤慨耐えなかったらしく、

「俺は一足先に行く、準備の出来次第急いで来い！」

と、残っていた常勝隊員の出動準備が待ち切れぬらしく、愛馬に一鞭くれると、折からの雨の中を単騎走らせたのだった。この時ばかりは東宮の声も怒りに震えていたという。

そして、遂に事が終わった後とて仇する由もなく、戦死せる西山隊長の屍に対面し、その屍を荼毘に付してからも鉄男は一人泣いていた。

そして追悼会の晩には誰にも見られぬように、戸外に出てアンペラ（莚）の上に打ち伏して慟愕している姿を見せたのだった。遺骨も遥々東宮が一人抱いて送った。

その部下を想う東宮の真情には誰も泣かぬものがなかったという。

その追悼会は依蘭県城老爺廟《ロウエイミョウ》に於いて、東宮の主催で盛大に行われた。その時の東宮の追悼文を見れば、東宮が如何に亡きこの人を信頼し、その戦死を悲しんだかが伺われる。

西山勘二君の戦死を忌う　昭和九年六月二十四日

常勝隊長西山勘二君、昭和九年六月十八日夕、依蘭県東三家子北方東地に於て敵前五十ｍに傷つき、戦友堀中尉に負われ退却の途、敵弾雨飛の中に笑って死に就く。

余は当時依蘭司令部にありて訃を聞き同志金平氏と共に慟愕す。

当日朝、君を部屋に招きて、討伐の命令を下す。

君喜んで受け必勝を期して出発す。道途馬上の勇姿目に見るが如し。

吉林剿匪軍が、昭和七年佳木斯付近、刀槍会の難に遭い討伐信念を失いたる際、君はこれを救うため常勝隊の編成を進言自らこれを指揮して常に戦場の先鋒たり。

依蘭軍が討伐力を回復し今日の勢を致せるは、君の力を起って大なるものあり。
君は文筆、弁舌巧みならざりしも、武勇人に優れ、侠気人情に溢れたる豪快の真男児たりき。
君を知る人、皆、「西山に任せ措けば安心なり」と君を信頼せり。
来るべき祖国の重大危機に、三江地方工作のため、秘蔵の闘士を失いたるは、返す返すも遺憾なり。

土竜山事件では、五千人以上の匪賊を殺害した。

本事件は初期の満洲移民政策に見直しを迫ることになる一方で、満洲に於ける抗日統一戦線の契機になった。

具体的には、一九三五（昭和十）年七月満洲国政府に拓政司が設置された。日本人移民統制の移民部を組織した諸機関と移民会議を開き、移民専門機関として一九三六（昭和十一）年初めに**満洲拓殖公社**を設立し、募集を在郷軍人より一般農民に広げ、農業開拓を主目的とすることにした。

すなわち、建国当初は入植状況の把握すらできず政策実施に全く関与できなかった満洲国政府が、本事件の勃発を受けて、日本人移民の政策実施に参与する転機となったのである。

一方、永豊鎮に残った先遣隊は本隊の入植準備と開墾準備で、内地ならば農閑期なのに、この場では広大な開拓の第一歩が始まっているのだった。

耕地の測量、地図の作成、建築用材の伐採、家屋の修理改造、物資の調達、糧秣の輸送等、為すべきことは山のようにあった。山のような仕事を抱えながら、そこには早くも苦難が待っていた。

「ひどい所じゃないか」

「これじゃ島流しじゃなく、陸流しだ」

と、もう不平の声が出ていたのだ。

茫漠たる中を徒歩で歩き疲れ、着いた入植地が廃虚の如き部落で、辺りはただ荒涼たる氷結の原野であるのを悲観したのだ。

「こんな土地で百姓をしても利益が上げられるものか」

「せめて町場に近いならな」

「大森林や炭田や金鉱もある所と聞いていたが、此れでは騙された」

「それより、こんな所を女たちに見せたら泣き出して、嫁に来る者もあるまいヨ」と、中にはそんなことを言う者もある有様だ。


故郷を発つ時、日の丸の旗の波に送られた意気込みもいつしか失って、精神の動揺している者が少なからずいたのである。北満開拓という遠大な使命を忘れ、利に動くもの、不自由を託《かこ》つもの、そういう者が不平を並び立てるのだ。来満後、在郷軍人で満洲の国境警備隊に入る者は月給百円になる、という事を聞かされて、駐屯隊を脱退して満洲の軍人になろうとする者があり、佳木斯上陸後入浴が一ヵ月も出来ぬと言い、何かにつけて不平を先にするのだ。酒食に所持金を費消して、その挙句満洲人に金品を強要する者すらあるのだ。酒食の果ては真面目な隊員に喧嘩を売ったり、他人の所持品を無断で使用したり、佳木斯上陸以来そうした不良の輩が、渡満の目的を忘れるのは仕方のないことだった。彼らはむしろ屯墾隊を事変後の満洲熱のもとで利用したのだ。

例えそうではなくとも、屯墾隊の仕事を現地に描いて、苦難の道を想像しては精神が動揺したのだ。佳木斯でも不平を並び立て、永豊鎮に来ても同じであった。佳木斯よりも現地に来て、更に不自由な生活が不平の種になるのは当然な事だろう。開拓地に来て、何から何まで一歩より築く準備期間であることは判っていても、その荒涼たる現状には不満だったのだ。

入植早々の事で農具も工具も不足していた。大事な輸送用の自動車もまだ到着していなかった。そのために佳木斯の本隊との連絡が遅れることがあった。食料は本隊から運搬するのであるが、輸送自動車がないために馬で運ぶのに、そこには屯墾隊を目の敵にする匪賊の出没があとを絶たなかったし、吹き付ける氷雪と寒気とで馬の足さえ止めることがあった。輸送は輸送班の隊員が受け持っていたが、それが匪賊の出没のため、行程二日の日数が十日も掛かることがあった。

「もう味噌がないのにどうしたら良いのか」

黙っていなかった。

十日も食料の連絡が断たれると、事実塩で汁を作るという有様であったがその塩も乏しくなる。そのうちに野菜も無くなって来る。食糧の不足には我慢が出来ない。

青物の不足は何時とはなく夜盲症を生ずるに至り、症状を訴える隊員が続出する。しかも敗残小匪が出没、農耕地測量の隊員が狙撃されて、第二の犠牲者を三名も一度に出すという不幸が起った。

「仕事も始まらんうちに、こう匪賊に殺される様では安心して仕事が出来ん。こんなことなら佳木斯に引き揚げた方がいい！」

「内地に引き揚げた方がいい。食うものも食えず、匪賊が出る。こんな防寒設備も不満足の地で、どうして暮せるものか！」
「戦死者がかわいそうだ！」
「幹部の怠慢だ！」
「幹部が無能だからだ！」

丁度、駝腰子から勃利討伐に向い、陳刀山匪を撃退して、勃利一隊の粛清を終えた三月の末、東宮はそういう事態の中に一隊の人々と共に再び永豊鎮に戻ってきた。

そこには、山崎団長を始め幹部の心痛な顔が出迎えているのだった。討匪行の苦心談どころでなかった。

東宮も既に勃利にあってそれを聞いていた。

「どうも困ったものだ」

「どうもこの空気には困ったものです。真面目な隊員を駄目にする」

山崎団長もその点に心痛めていた。

「諸君の言う事にも理由があろう。又僕としても同情する。しかし満人に迷惑をかける事だけは絶対にやめてくれ。そんなことをされたのでは、金や物資を援助してくれる満洲国に対して申し訳がない。佳木斯上陸以来、どのくらい各方面に種々の補助を被っているか解らない。不慮の災難や輸送の関係で不自由させたことは仕方ないとして、日本武装移民の名誉だけは汚さないでくれ。武装移民の育成に尽力してくれる日本の各機関に対しても申し訳ない」

と、懇々と説いて聞かせても、それで納得するのではなかった。

「それは平時の時の論です。我々の中から野菜不足で夜盲症まで出てきている。こんなにまで苦しめるのか！」

「君たちは甘やかされていたいのか、少しくらいの食糧の不足で驚くようで、日本の農民が大陸農民の指導に当るという自負が保てるのか」

「何かといえば理想を持ち出すが、そんな非現実的思想で、今日の日本人が承知すると思うのですか！」

「誰のための移民だ。みんな君たちのものになるのではないか、そのくらいの辛抱が出来なくてどうするのだ。満人をいじめたりして、もうみんな佳木斯に聞こえているのだぞ。全く困ったことをしてくれた」

「于司令は屯懇民の暴状を訴えられた時、何と言ったか。

—今度永豊鎮に入った屯懇軍は、日本に居れば雨が降っても風が吹いても決して消えないランプ(電燈の事)の点く、青い畳の上で立派に生活してきた農民である。それが満洲の農業を指導しに来てくれたのだ。その不自由な生活を思うと気の毒である。屯懇軍は満洲国の為に楽園から泥土の中に来たのだ。お前たちから物を持って行ってやれ—

とさえ言ってくれたそうだ。于将軍のこの言葉に対しても済まん」

　東宮のそうした説得も中々及ぶものではなかった。


　唯、そういう隊員たちも、東宮が来ると不平をぶちまげながらも、東宮を敬遠するのではなかった。幹部への不平は陰険だったが、東宮に対しては不平を並べながらも親しみを持っている事だった。彼らも東宮の立場はよく知っていた。北満移民の計画者であるが、屯懇隊にとって実際の運用者ではないのだ。その人に彼らは不平を並びたてていくのだ。つまり当たり散らす所がないので、東宮の所に持っていくのだ。

「誰が隊員をかわいくない者があるか、黙って見ておれ、必ずあの中から立派に立ち上がる。洋服浮浪民になりたがる薄弱行者は出て行ってもいい。然し日本人は皆そんな腐った人間ばかりではない」

「それでも脱退者は増えるじゃないか」

「お前は出たいのか、出たい奴は虱《しらみ》が湧いたと言っては脱退の口実にするのだ。一ヵ月風呂に入らないので虱が湧いたと言っているわ。そんな奴は出ても、屯懇隊は必ず成功するのだ」

東宮は終いには一喝するのだった。

「屯懇隊は必ず成功してみせる！」

東宮はそう言って豪語もするのだった。


駝腰子討伐後、東宮は金鉱局から砂金の一塊を送られた。それを持っていたが、

「山崎さん、これを戦死した渡辺君に記念に贈ろうと思っているのだが」

と言いながら、既に用意していた設計図を示して、小塔を作りたいというのだった。

その表面に何か文字を刻みたいが、何という文字にしようかという相談だ。

「屯懇隊の様子も見に来たが、この方の用事もあってね」

「そりゃ渡辺君の霊も喜ぶでしょう」

相談を受けた山崎団長も喜びながら、「一粒の麦」という題字を持ち出した。

「それがいい。開拓途上に散った一粒の麦という訳ですね」

そうして、その一塊の砂金はやがて一個の純金製の小塔に作られて、「一粒の麦」という題字が刻まれて、

戦友東宮鉄男と裏文字に鉄男の心組みも刻まれて、駝腰子に散った屯懇隊員渡辺龍治の遺家族に送られた。


「このまま仕事の進行が遅れる事では大事だ。これはやっぱり本隊を早く入れて仕事を始めることだ」

「不平組は多くなる訳ですが、この際断固として方針を立てるほかないですナ」

「不平組も脱退者も仕方がない。此れも過渡期の事だ。一つ春耕期に全員の結束を図るようにしよう」


すでに春耕期も眼の前だった。

幹部と東宮の間に種々の協議が行われて、仕事の段取りも決定した。

耕作、開墾、建築……。

その主要作業の外に、永豊鎮と佳木斯との間に道路を開鑿《かいさく》することにした。仕事は全く山の様なのだ。本隊入植の準備を急いで行い、三月の陸軍記念日に、ようやく本隊も佳木斯を発って永豊鎮に入った。


こうして屯懇隊が全部入植すると、永豊鎮の部落は五百人に近い大勢で、広野に一つのオアシスを作ったのだった。

それまで残っていた満人農家も、本隊が全部入ることにより全部他に移転した。謂わばここに日本人の部落が忽然と湧いた感じだ。

しかし、永遠のオアシスとすべき地が、なお幾多の試練に置かれるのもむしろ当然の事だろう。そこには爾後幾多の事件が繰り広げられることも、前に続いて開拓者の道なのだ。

本隊が入ると流石に活気づいた。新たに水田の計画が建てられ、開墾地が広げられ、家屋の新築も始まった。

春だ！　春だ！　北満の春だ。

昨日の枯れ木に今日は芽が出た。葉が伸びる。

さあ、嘔って謳って種まきだ。

春光を仰いで、みんな勇んだ。一九三三（昭和八）年四月一日に鍬下ろしの弥栄を叫んで、種付けが始まった。満人農家から買収した既墾地の七百町歩を中心に、麦、大豆、粟、玉ねぎ、白菜と五月にかけて順次なだらかな永豊鎮の黒土の上に種蒔きが繰り広げられた。

春日は遅々として、陽はうららかだ。

だが、雑草と同じように、匪賊も冬籠りを経て蠢動し始める頃だ。

四月にも、五月にも耕地内で小銃が盗まれた。本部でも鉄砲七挺と銃弾千五百発が盗まれた。いずれも土匪の仕業だが、隙を狙って盗んでいくのだ。

耕地内の厩舎から耕馬が盗まれた。五月、六月で十二頭も盗まれた。

全くその素早さに隊員たちも呆れた。

春耕期が一段落つくと、それから繁茂期に及んで益々土匪が跳梁する。高粱畑に身を潜ませて、荒らし廻る時期になるのだ。

「方正匪が駝腰子方面に向かっている」

六月二十日、そういう情報が東宮の許にもたらされた。

「あれでは永豊鎮も狙うな。移民を動揺させてはならぬ」

東宮はそう思うと、屯懇隊も現在多忙の時でもあるので、永豊鎮警備のため、**屯懇剿匪軍**を作る計画をした。そしてその計画を以って于将軍に図り、早速に取り掛かることにしたのだった。

東宮はこうして屯懇剿匪軍によって永豊鎮警備に当たらせることにし、屯懇隊の警備小隊を中心に、これに吉林軍と常勝隊とを参加させ、なおその指揮は于司令に依頼することにしたのだった。

于司令も同意し、屯懇隊へは于司令の命令書が託されることになって、その使者に常勝隊員が当たった。が、この要求に対し、目下屯懇隊も種々多忙のため応じ兼ねると返事して来た。屯懇隊第一大隊警備長はにべもなく拒否して来たのである。そして自分は付近の砂金鉱地の視察に出かけてしまった。

こうした後に、悪いことには駝腰子で森林伐採中の第二伐採隊の三十名が、宿泊地の漁梁子で突如匪賊に襲撃され、荷物や食料を焼かれた上に三名の隊員が犠牲になった。


さア、大変だ。隊員が騒いだ。

「警備隊長が警備隊を出さないからだ！」

「幹部の反目から、大事な隊員を殺した！」

「幹部はこの責任をどうするか。我々はこんなことでは開拓どころではない。どうして落ち着いて仕事ができるか！」

機会を狙っていたかのように一部の隊員から突如、屯懇隊一、二個小隊の緊急会議の開催が飛ばされて、たちまち連合会議が開かれた。

折も折、屯懇隊にアメーバ赤痢が続出していた。

一時に蜂の巣が破れたような有様となってしまった。

「幹部を取り換えろ！」

「幹部の圧政を打破しろッ！」

「無能な幹部に従うのは馬鹿だ。我々は幹部を取り換えて出直そう！」

佳木斯上陸以来の不平が一気に爆発したのである。


漁梁子における三人の犠牲からわずか十日の間に形勢は一挙に悪化して、連合会議では「幹部不信任案」が議決され、移民の要求が請願書となって綴られた。

「代表を上京させて、これを拓務大臣に提出するのだ！」

そして、拓務大臣宛の声明書、決議書、幹部不信任案、請願書が作られ、それが各小隊に貼り出され、真面目な隊員をも渦中に誘わんとした。

「いや、ここで幹部の辞職を強要しろ！　実力を発動しても貫徹しろッ！」

と、中には激越な言辞を弄して、ただならぬ気配を示すものが出て来た。強硬派はそれに雷同した。今や屯懇隊全部がざわつき出した。

「そうか。しかし不純なる分子の策動によって辞職するようなことは断じてさせんぞ」

と、山崎団長は隊内のその有様に対して、悲壮な決心を固めるに至った。

「僕は団長として死ぬ。彼らの策動に乗ぜられたなら、この開拓は今後成功せん。開拓事業を守るために、僕は殺されよう！」

と、山崎団長は死を覚悟して本部に頑張った。

隊員が見かねて、佳木斯に東宮を訪ねたのだった。

東宮はその二人の持参した書類を幾度となく繰り返し読んだ。

「こういう物を作って騒いでいるのか」

「不穏の傾向があるので、何とか緩和策を取って頂きたいと思います」

「不穏な傾向とはなんだ？」

と訊ねたが、鉄男は二人の顔色で解った。

「もう良し、解った。今夜は二人ともここに泊まって行け」

そして後は聞かなかった。その翌日、東宮は佳木斯にいた屯墾隊員を公館に集めて、

「これは幹部排斥の作り事だ。君達もそう思っているのか。でたらめもいい加減にせんか」

と、書類を一々読み上げて、その非を打って聞かせた。

「こういう作り事をやって、不穏の真似をしようというのか」

そしてきっぱりと言うのだ。

「断じて許さん！」

その語調があまり真剣だったので、並んでいる隊員も不気味に感じた。

「こういう不純な動機から不穏な真似をするというのなら、俺も腹を決める」

「どうするのですか」

「そうなったら最後の手段だ。不純な移民は討伐する。許さん！」

　この東宮の言葉に隊員たちは青くなってしまった。

「不慮の災難や、予期の如く発展せぬのを、全部幹部の責任になすりつけて、幹部でも変えたら何とかなるだろう、という考えからであろうが、その前に隊員諸君がまず自省する要がある。開拓の事業が予想の如く行かぬのはむしろ当然のことだ。ここに書いてある要求のごときは隊員の志願誓約以外の事ばかりである。幹部のどこが悪いというのだ。隊員自身が武装移民であることを自覚しなければならぬ。屯墾隊員は百姓であると共に、また軍人の精神でなければならぬのではないか。

　広い日本に自信を持って開拓の移民を指導し得る人が、山崎先生を措いて他にあろうか、絶対にないことを断言する。また屯墾隊長市川中佐殿は東京出発に当たって、畏《おそれおお》くも高松宮御殿に召され、有り難き御言葉まで賜り、死を以てこの聖業完成を決心せり、という責任観念を持って指導に当っているのだ。その他幹部も同様、決死の覚悟で隊員のためと思ってする幹部の心が、隊員に通ぜぬのは無念だ。徒に外部の非難に雷同し、脱退者の悪口に乗る如きは諸君の信念を疑うものだ。移民団の事業の不成功を見る者は見よ。今春耕期に於て困苦の中からともかく五百町歩の蒔き付けを終わったという事は未曽有の壮挙であり、誰が何と言っても大成功である。この事実を見ても、隊員自らこんなことを書き並べて不平を述べるとはもっての外である。隊員が自省せぬに於いては、この際小刀細工をせん。先に行ったようにこの東宮が腹を決める」

と、鉄男の言葉は仮借する所なく激しかった。

　隊員もこの東宮の言葉にすっかり腰を折られてしまった。いつも東宮に甘える気持であるのに、今夜とて甘える気持で出て来たのに、東宮の態度は何時になく厳しかった。

「こんな書類を拓務大臣に提出したとて、絶対に通るものではない事を断言する。諸君はこの東宮の言葉で理解されたと思う。団結せずして騒いでいたら、それこそ匪賊の襲撃に機会を与えるものだ。諸君は永豊鎮へ帰って、動揺している隊員を慰撫して呉れたまえ」

そう言って、東宮は断固たる意見を述べると共に訓戒を与えて、佳木斯に来ている隊員と一緒に二人の使者を帰した。


この東宮の意見が隊員にもたらされると、さすがに首謀者たちも驚いた。

「本当に討伐する気か」

「冗談か威嚇か」

という訳で、移民討伐の言葉はパッと広がった。しかし東宮の日常の言動を知る隊員はそれを信じた。

「言い出したら通す顧問だ。嘘や冗談は言うまい」

そうして、これが反映してか、いつしか騒動は立ち消えて、不穏な行動に出る気配は去った。東宮の率いる吉林軍には負けない自信があっても、慈父の如き東宮大尉に向って銃弾を撃つことは出来ないのだ。


こうして危機は去ったが、依然として暗雲低迷、隊員の精神動揺は晴れなかった。アメーバ赤痢は終結するものの、やるせなき不安に駆られ、満人の居酒屋で焼酎をあおり、八つ当たりをする者が多かった。

山崎団長は全く悲壮な決意の下にひたすら開拓に当たっているのだった。前途の多難を覚悟して、この苦難をじっと耐えている団長であった。

満洲でも夏は繁忙期だ。青々と育っていく作物を喜びながら、またその手入れを怠ってはならぬ時である。永豊鎮の開拓地では、その繁忙期に人手が欠けた。七月の除草期というのに、耕作地には雑草が我がもの顔に覆い繁っていった。どこを見ても雑草だらけだ。

「ああ、ひどいことになったナー」

溜息と共に、その雑草地化した惨状を眺めやっては、真面目な移民といえども呆然と成り行きに任せるほかはない有様だった。あれ以来、屯懇隊はまるでガックリと萎れた草のように生気が失せていた。

未明の朝露を踏んで隊伍を組んで出て行く人々もあり、鍬を洗うべきその南柳河の畔には、今も今とて丈なす草陰に真夏の暑さを避けながら、三、四人の隊員がぼんやりと寝転んでいた。

「吉田の奴、やっぱり出て行くらしい。哈爾浜にでも行くのだろう」

「俺も出たくなったよ。毎日これじゃ仕方がねェもの。南京虫に攻められるし…」

そう言いながら、一人は赤く腫れ上がった南京虫の跡をポリポリ掻いてみた。

「親父は怒っているというじゃないか、移民討伐じゃ驚かされたもの」

「怒っても、解るところは解るのだ。あの××警備隊長なんかとは役者が違う。あんまり切れるものだから、あいつ勘助を起こしているのだぜ」

三人寄ればそんな噂の明け暮れが毎日続いた。

一九三三（昭和八）年七月も、もう二十日過ぎた。草は繁って、雨が降る。この月の末に入ってからは雨がよく降った。投げ捨てたままの畑は二日も雨が降ると、もう入ることが出来ない泥濘と変わった。

或る朝、小隊長である隊員の一人が、雨の晴れ間に朝の作業の馬草を刈っていた。

「やあ、ご苦労だね」

と見ると、加藤完治と東宮と、幹部の沓澤中尉と平田指導員とがそこに立っていた。

「心配してやって来た」

と、加藤が言った。氏は難を聞いて東京から駆け付けたのだ。

屯墾隊の騒動が既に東京まで聞こえていたのだ！

武装移民の成り行を注視している人々にとって、良かれ悪しかれ、今度のこの騒ぎは問題とならずには要られなかった。


　武装移民の大動揺！

　駐屯病爆発！


というような好奇的な標題を以って、内地の新聞にも書き立てられた。

その小隊長が挨拶を済ますと、

「今日は一つ君の小隊で懇談会をやろうじゃないか。立て直しの懇談会だ。諸君の注文をうんと聞くよ」

そういうのは東宮だった。

それから早速その小隊の懇談会が開かれることになった。一同久しぶりの東宮来隊というので大喜びだ。

「あちこち忙しくてご無沙汰したよ」

ちょうど三十日振りだ。饒河《じょうが》方面の討伐に行っていたのだ。東宮は饒河土産だと言ってロシア煙草を一同に分けた。みんな最近嚢《のう》の中が底で、煙草好きの者など喫煙飢饉を起こしている際とて、

「老頭、謝々」

と、御愛嬌の満語で、もう大変だ。

全く久しぶりの来隊であるが、萎れ切きっている折の東宮の登場は、ただそれだけで、もううるさい幹部排斥問題なども理屈を離れてしまった。

「今日は何でも聞くから」

「移民討伐の宣言は、あれは本当の事ですか。まるで匪賊扱いのようなことを言われたので、屯墾隊も人間かと疑った。屯墾隊も人間ですか」

と、不躾な事を質問する者が出た。

「そうだ、大部分は人間だが、人間でない者もいる。しかし、諸君はこの東宮にそんな真似はさせないだろうと思っている。移民討伐なんていう事は講談にもならん」

「屯墾隊だって人間だもの、色々の欲がある。その色々の欲を一つでも満足させるようにしてくれなければ、こんな所には居られやしない」

「うむー」

東宮はそうした無遠慮な、率直な質問を受けて、却って得るところを感じた。

「この殺伐とした光景を緩和して貰いたい。我々はまだ銃を取って騒動を起こそうとまでは思ってない。しかし幹部の者が我々の生活を再認識する必要があろう。全部の幹部とは言わぬが、中には不熱心な者がいる。分からん者がある。頼りない者もある。これは加藤先生にも聞いておいて頂きたい。それから我々はただ働けとか、楽しんで働くべきかとか、第一の根本はここにある」

「開拓精神を失うからいかんのだ。内地における訓練は、時日の関係で諸君にも十分とはいかなかった。しかし現地における作業が即ち訓練なのだ。開拓精神を楽しんで働かぬから、動揺することになり、不平も出るようになる」

「いや分かった。諸君の言う楽しんで働くべしの案は、この東宮が考慮する。いずれ諸君に愉快なる吉報を送るようにする」

「愉快なる吉報とは何ですか」

「まあ、この東宮に任せろ」

「それじゃ不安です」

「そんなうれしがらせを言って実行しないから、今度のような問題が起きるのだよ。先生までそんなことを言っては困るのだよ」

と、また一人がずけずけとやる。

「この東宮の言う事が信じられないのか」

と、鉄男の特徴のある大きな目玉がぎょろりと光った。

「この東宮は嘘を言わないぞ。しかしこれは東宮がやる吉報とは違うのだ。天よりの吉報なのだ。だから絶対に間違う事がない」

「先生はそうだ。絶対嘘は言わねえ方だ」

と、一同は東宮の言葉を信じてしまった。

「この開拓地の成功のためには東宮もただ祈っている。諸君の成功を祈っている」

「東宮先生の言う事を聞いていると、なんだか今までのゴタゴタがどこかに吹っ飛んでしまったような気がする。先生が実際我々の為に骨を折ってくださるのは、我々も実際神様のように思っているだよ。誰が先生のように尽くしてくれるものか！」

と、また素朴な感激がぶちまかれた。

こうして重苦しい隊内の空気が一気に変わったようになった。


難しいことはなかった。

隊員から持ち出した共同宿舎の事、土地所有の事、欠員補充の事、戦病死した場合遺族に対する待遇補償の事、皆すらすら取り運んだ。

「共同宿舎は本年度中に必ず建築する。その上で宿舎の再編成をして、諸君の家族を招致するようにしよう。戦病死者の待遇、遺族への補償、皆東宮が引き受ける。諸君が騒いだ渡辺熊治君の遺骨輸送についても、佳木斯でも、哈爾浜でも、長春でも、皆戦死者の遺骨として立派に待遇されているのだよ。その件を幹部排斥問題の一つにしていたが、それこそ大変な間違いだ。渡辺君の遺族に集まった弔慰金にしろ三千円あったほどだよ。金額を公表するのはどうかと思って言わなかったが、そういう事情で、何もあんなに問題にすることはなかったのだ。みんなの労苦に対して黙って打っちゃって置きはしない。政府にも、軍にも、満洲国にもみんな連絡を取って遺憾のないように手筈を取っている。だから諸君は先刻言ったように人間でない者の扇動に乗ってはいかん。必ず心配する事はない。武器の事もこの東宮が引き受ける。只武器がいくらあっても匪賊など蹴散らす精神が無くては、猫に小判の例えと同じだ」

と、東宮のその言葉に皆謹聴した。

そして、誰の顔にも了解の色が浮かんだ。

「この東宮は諸君をただで働かせて、路頭に迷わす様な方法は執らぬ。また屯墾隊が成功せぬ時は、東宮は諸君に死を以てお詫びする」

東宮のそうした打ち明けた衷情には、一同すっかり感激してしまった。みんな胸のうっ憤が一時に散った思いであった。


こうして東宮と加藤とが主となって、それから連日懇談会を開いて歩いた。永豊鎮十二区に分かれた各小隊を個別に訊ねて、隊員との膝談判をしたのだ。その為二人とも一週間本部に泊まり込んで事態の転換に努力したのだ。


「不平から神経衰弱となって、いわゆる駐屯病だから、時日が経過すれば治る」

という観察で、鉄男とすれば現場解決の方針だったのである。だから不穏な行動にでも出ぬ限り、事態を荒立てたくなかった。鉄男にとって、移民は全く我が子の如きものだ。

「移民がかわいくてしょうがないのだ」

また隊員にとっても、東宮はなくてはならぬ人なのだ。隊員が今頃煙草に不自由しているだろうと思って、煙草の土産を持参して喜ばせる。そういう細かい所に気を配る鉄男に、隊員は好き勝手な事が言えた。いかんと言ったら、金輪際いかんで通す東宮を知っていながら、いかんと言われるような問題を持ってきた。

「先生は全く苦労人だな」

「今度の問題で先生はだいぶ痩せた様じゃないか」

懇談会が終ってから、隊員はいろいろと話し合った。

「やっぱり誰よりも役者が一枚上だなァ。話が我々の心境にピタリと来る」

「本当だ」

「さっき誰か神様と言ったな。全く俺たちにとって東宮神社だよ」

「上手い！　東宮神社だ！」

と、一人がポンと膝を叩いてその言葉に合槌を打った。するとそれから誰ともなく鉄男の事を東宮神社と綽《あだ》名《な》するようになった。

そういう風で、東宮の手で危機を切り抜ける事が出来た。

（資料11）永豊鎮の開拓地にて　－後列左から東宮、加藤－
（出典：『満蒙開拓、夢はるかなり・上』）

しかしながら入植後三ヵ月で五百人のうち、三百人が病気やストレスになり、強姦、強奪事件が頻発し、終に幹部追放の決議文が関東軍に送られた。

事態の深刻さに驚いた関東軍では、当時、世界各地の移民問題に精通していた永田稠《しげし》を招聘して現地を視察、提言させた。

永田は、一九三三（昭和八）年に武装移民を現地調査し、ブラジル経験者ならではの批判を込めた報告書を関東軍に提出した。

「今まで移住事業の実務をやったことのない拓務省管理局に担当させたのがそもそもの間違いである」と強い筆致で批判した上で、

「入植地の測量もせず、今後の営農計画も確立しないまま一時に五百名もの移住者を入植せしめたことは人類の移住史上今だ一度も行われたことのない暴挙である」（永田泉著『素晴らしい満州日本人開拓団』）とした。

彼は、十八項目八十頁に及ぶ報告書で、満洲移民計画の杜撰さを指摘した。彼が強調したのは中国人との融和策であった。病院や耕作機器、肥料工場の設置の必要性も訴えた。

だが、それは、東宮等関東軍幹部の聞き入れるところではなかった。

この報告を読んだ東宮は一九三四（昭和九）年、永田稠を「国賊」と断定し、関東軍から追い出した。

永田稠は一八八一（明治十四）年十二月三十日生まれ。東京専門学校（現早大）を中退し、アメリカなどを放浪。帰国後、渡米青年を援助する**日本力行会**の二代目会長となる。一九二二（大正十一）年郷里長野県

（資料12）永田稠

の**信濃海外協会設立**に参画し、ブラジルのアリアンサ信濃村の建設に尽くした。

満洲事変の直前の一九三二（昭和七）年三月、日本力行会にいた永田は、小磯國昭陸軍次官と永田鉄山軍務局長に呼ばれ、「満洲に農業移住させることは可能である」旨を提起している。

永田が満洲移民に参画したのは事実だが、国際協調的な移住という楔を、満洲に打ち込もうと孤軍奮闘したように見える。当時の関東軍の方針や拓務省を批判し、言うべきことを主張して憚らない姿は立派である。

勿論主管の拓務省でも捨てて置かなかった。東宮にも真相調査の電報を打って寄こした。

東宮としては、万一拓務省側が何等か手段を講ずるような場合には、

一　全員を内地に帰還せしめる。

二　動揺者を内地に送還し、健全なる隊員を残留せしめ、これを第二次移民中に合流せしめる。

三　幹部の異動のごときは絶対に行わぬ。

という方針を建てて、その旨申達したのだった。

「創業時代の小故障だ。悲観するには及ばぬことだ。この際第二次移民の来着を待って、隊員に安心と希望を与えるならば案外容易に落着すると思う」

東宮はさらに観察し、動揺期としてやむを得ない事とした。

唯、隊員が家族の渡満の遅れることに寂寥《せきりょう》を感じ、日中作業中はともかく、一度慕寥に閉ざされ、宿舎に疲れた体を横たえる時、彼らが家を想い、人を恋うるは当然のことだ。

「女房の顔を見たいだろう」

と、鉄男は隊員の心理に同情したのであった。

娯楽や慰安もない原野の生活に、女性の姿を伴わぬことはなおさら寂寥を加えるものだ。

妻子のある者は妻子を呼ぶことだ。

若い人を土着させるためには伴侶を与える事だ。

「花嫁さんを迎えてやろう！」

と、東宮は既に思いやっていたのだ。


次の書簡は、一九三三（昭和八）年二月の日付で、奉天在住の小倉円平氏に宛てたものだが、鉄男は既に先遣隊入植に於いて、その計画をしていたのである。

—— 前文略

北満武装移民団は昨秋渡満以来幾多の難関を切り抜け、来たる昭和八年二月十一日を第一回に、移住現地たる永豊鎮に入郷することに相成り候。北満に新楽土建設を実行致すべくこれが諸施設は、日満両政府にて万遺漏なく多大の援助を得居り候へ共、只一事移民の良妻を得ることに付最も頭を悩まし居り候。如何に諸施設を宣伝するも、彼らに家庭的の慰安を与え得ざれば、要するに永住は不可能にて、亦今回移民の出身地方に於ては海外思想に乏しき地方になるため、郷里の少女達や親達が、満洲に嫁ぐことに躊躇するならんと恐れ居り候。勿論拓務省に於ても、移民の妻を送ることに関しては援助を与えるべきも、この事は理屈や命令のみにてはいかず、少女や親たちの心をこれに向けるより他に道はなかるべく、ここに於て先生に「内地の少女たちの心を安心して大陸に嫁ぐ如く導く」ポスターの原書揮毫をお願い申し上ぐる次第に御座候。

—— 中略 ——

移民の家屋は、煉瓦及び石を以て作りたるロシア式を田舎に見るようなものに、竈を兼ね壁式にてすこぶる暖かし、移民の服装は洋服と支那服の折半、毛皮は飼育の羊兎、皮はまた付近の野獣のものを用いる予定。生活様式は日本式に西洋、満洲式の長所を加う。

――中略――

冬季の職業は、男は材木の切り出し、穀物の運搬、女はホームスパン手工業、郷土芸術品の制作。夏よりも長き冬を楽しむ如く社会組織を指導す（修養、訪問、娯楽、スポーツ）。

後文略――

後の所謂「**大陸の花嫁**」は、こうしてまた鉄男が計画したもので、そのために鉄男は北米の在留邦人移民を視察して来た知人の寺嶋という人を訪ねて、北米移民の花嫁について意見を聞いたものだった。

「開拓と花嫁、家族は付き物です。開拓史を紐解けば、どこまでも女は付いて行っています。カリフォルニアの山の奥の奥に伐採に行っている日本人もおりますが、それこそ人跡なしといった処へも日本の女は夫に従って子供を抱えて、山小屋で留守番をしていますよ。案外女は強いものです。いや女の方が強いかもしれません。あちらでは例の写真見合いで、大抵入植後一年で結婚するようにやっていますよ。移民地には女は欲しいですね」

との、その人の意見に鉄男は我が意を得た如く花嫁招致の自信を得た。

そして、移民動揺の苦い経験から、潤いのない移民生活に、鉄男のいう愉快なる吉報を送ろうと奔走したのであった。

それも温かい鉄男の親心だ。

ペーチカ焚きつつ帰りを待てば
雪の小道に鈴の音響く
響く鈴の音近くなる
扉開ければ毛皮に粉雪
小雪払えばこぼるる笑顔
笑顔こぼるる茶はたぎる

この北満情緒たっぷりな歌に題して、**『新日本の少女よ、大陸に嫁げ』**という、窓に粉雪が吹き付けて、新妻の夫を待つ姿をあしらって、それが大陸の花嫁募集のポスターであった。勿論東宮の作である。

永豊鎮で難病の屯懇病を治療した名医東宮大尉は、佳木斯に帰って来ると、八月の進級で少佐に進んだ。第二次の武装移民四五五人も既に千振《ちふり》村の入植地に入っていたし、討匪行と移民騒動とで休む暇ない東宮少佐にとって、明け暮れ労苦と苦難の絶え間ない中に、会心の喜びを得た事は、すなわち「大陸の花嫁」を迎え得た事だ。

屯懇病の名医は、又人生の名医でもあった。この「**夫待つ新妻の歌**」など、何と傑作ではないか。

第三章　先遣隊の入植

春四月、松花江の結氷も解けて、江上水ぬるむ時、花嫁たちが哈爾浜に着いた。素朴な出立ながら、流石農村の処女だ。はち切れんばかりの健康色を見せて、遥々北満に嫁いで来たその意気こそ壮とすべきであろう。

「あんた、疲れた？」

「いいえ、ちっとも。それよりなんだか外国へ来たようね」

「ハルビンですもの」

「オッ、ホホホ！　でもなんだか洋行にでも出たような気がするわ。汽車で来たような気がしないの」

恐らく海の外は初めての旅であろう彼女たちが、初めて見る哈爾浜の春は確かに異国情緒に浸らしたことだろう。

長い汽車の旅は彼女たちをすっかり隣家の人としていた。

「なんだか街がのんびりしているわね」

「私買いものして行きたいと思うのだけど、その暇があるかしら。煙草とお菓子くらい…」

「監督さんに聞いて見たらどう」

「あんたが買うなら、私も買う」

というその買い物はまだ見ぬ婿殿への贈り物とみえる。

「さ、それでは行きましょう」

引率者の拓務省の人や、東宮少佐、移民団の出迎えの人達に誘われて、彼女たちは長春付属地の東本願寺に一先ず案内された。

寺でも大歓迎であった。温かいもてなしが繰り広げられた。

「みなさんよく来てくれましたね。遠路疲れたでしょう。御礼を申しますよ」

と、まず何より喜んだのは少佐だった。

「さあ、ゆっくりしてください。明日は船で下るのですよ、松花江という河で、内地では見られぬ大きな河です。岸にはもうそろそろスズランも咲くし、内地とは違ってのんびりしたものです。明日着く依蘭という街は昔、徽宗《きそう》・欽定《きんてい》という清の帝王二人が皇后と共に囚われていた土地ですよ。あなた方はその街から目的地に行くのです」

退屈させまいと、鉄男はもう一生懸命だ。

「さァさァ、硬くならないで、硬くならないで」

「皆は大陸の花嫁だ。先駆者の妻なのだよ。これから夫唱婦随、大いに内助の功をたててもらわなければならん。日陰の青菜みたいではならん。まず健康だ。移民地に入って慣れない生活をするのだから、用心して呉れたまえ。支那も満洲も、大陸の水は悪いから気を付けてナ。慣れないうちは淋しいだろうけど、そこはこれだけの者がお互い慰め合ったり、話し合ったり、気を揃えて力を合わせて愉快な村を建てて貰うのだ。みんな料理はどうだ。今度ここにいる小野少佐と私とで手料理拝見に行くでナ。その時はうんと拵《こしら》えてくれヨ。自給自足で良いのだゾ、手製の野菜で、手製の料理で。アッ、ハハハ！　さあ、みんなゆっくりゆっくり。硬くしていると明日はくたびれるぞ！」

まるで孫をもてなす様に、鉄男はもてなすのであった。

東宮と一緒に、哈爾浜の特務機関に勤務する親友の小野少佐も何くれとなく面倒を見ていた。

「小野、俺もこれで安心したよ。顔を見るまでは心配だったからナ」

「なんにしてもめでたい。みんな立派な花嫁だ。貴様のうれしくてたまらんその顔が、何ともいえん」

「俺は全く感謝しているよ。これでもうどんな苦難が来ようが、開拓はビクともするものじゃない。もう大丈夫だ。弥栄、弥栄！」

「東宮先生のその御様子が私にもよく分かります。三十何年、こんな美しい場面に接したのは私も初めてです」

当寺の住職の月輪和尚もそう言って、感に堪えた様子。住職もあれこれと花嫁接待に骨を折っているのだった。

「これでもう一つ欲があるのですョ」

「アッ、ハハハハ！　それは大変ですナ」

住職は判らぬままに笑って受ける。

「アッ、ハハハハ！　第二世ですョ」

「成程ですナ。アッ、ハハハハ！」

「そうだ、そうだ。それが東宮の持論の中に入っている。第二世、第三世、それからそれへと民族の発展だ！」

と、小野少佐が註を入れる。

花嫁を迎える当の移民も喜ぶであろうが、鉄男も遥々と満洲の果てまで嫁いで来たこの花嫁たちを、どんなに喜び眺めたろう。

これで婦人屯墾病にでも罹らなければ、もう何もいうことはない。女は却って強いとはいうものの、女だけに気にもなる。

「皆は、これからは新日本の主婦ですョ。『新日本の主婦、大陸に生きよ』と、今度はポスターの文字を書き換える訳だ。いいかね。みんなは大陸の燈台なのだ。みんなの心ひとつで大陸が明るくなる。大陸ばかりでなく東洋が明るくなる。その元があんた方だ。今に北満に百万、千万という日本人が居るようになる。皆の子から、子から孫へと。そうすると皆は先祖だ。先祖がしっかりしてくれた家は栄える。国も栄える。皆がしっかりと頑張ってくれると、そういうことになるのです。皆の温かい心で村を明るくしてやってください。寂しいからとか、匪賊が怖いとか、云う様なことなく、日本女性の意気を示して貰いたいのです。

石の上にも三年という例えもある。三年しっかり辛抱して呉れれば大丈夫です。三年目には主人も地主になり、みんなも自作農の主婦となる。自給自足で生活が出来るようになる。内地の農家と違った楽しいお百姓になれます。その初めての花嫁のあんたがたは功労者と言われるわけです。寂しいとか、苦しいとか言って、移民地を逃げ出した男もある。移民地は都会ではないのだから、都会にあこがれる気持では暮らせん。都会は皆の住むところではない。農村の者は農村で暮らすのが長生きの道なのだ。皆がしっかりしてくれれば、必ず立派な楽しい農村が出来る。どうか頼みますよ。本当によく来てくれました。大陸に嫁ぐという皆の気持ちが有り難い。またこの東宮という親父が居ますから、注文があったらどしどし言って来てください。それではこれから宿所に引き取ってゆっくり休んでください」

鉄男はそういって、種々と注意やら移民地の事情やらを話して聞かせた。花嫁たちがかわいくて仕方がないのだ。有り難くて仕方がないのだ。花嫁招致を計画して、随分案じていたことがこうしてすらすら運んで、しかも誰の顔にも郷愁も不安も見えるではなく、嫁いで来たこの娘たちを見て安心したのだ。

それから宿舎からの自動車が迎えに来て、一同寺を出た。

それを皆で送り出した。

「それでは、さようなら」

「明日また……」

自動車が見えなくなるまで見送った。

見送った人たちが皆引き返してきた。

「オヤ、東宮先生は？」

確かに見送った筈だがと、住職はどうしたのかと思って門まで引き返してみた。

すると、門前に一人立って、東宮は去った花嫁たちの後ろ姿に手を合わせているのだった。

その姿！

見れば涙しているその姿！

感極まってうれし涙にくれて、後姿を拝んでいるのであろう。

住職は何も言えなかった。こんなにまで移民に心を遣っているのだと思うと、住職まで瞼が熱くなった。

どんなに苦難が来ようが、これで開拓はビクともするものじゃない、と先刻言った東宮の言葉が、今更に胸を打ってきた。

住職も東宮とは長い交際だった。東宮の心も知らないで、蔭で悪口を言う人もいる。その人たちに少佐のこの真情を見せてやりたい。住職は交際以外の東宮の真姿を見たのだった。

あくる日、花嫁たちは悠々船で松花江を下って、待っている依蘭に発つのだ。埠頭に乗船を待っていると、東宮は公館員を連れて自動車二台で乗り付けた。一台には土産品らしきものをいっぱい積んでいた。

東宮は自動車を降りると、

「おはよう、おはよう」

と、花嫁や花嫁の付添いの人達にニコニコと嬉しそうに挨拶しながら、公館員に手伝わせてその品物を運んで、

「これはつまらん物だが、贈り物です」

と、一人一人に熨斗付きの包み紙を配ってやった。

後で花嫁たちがそれを開けてみると、それはロシア製の立派な婦人スカートであったそうだ。

一九三五（昭和十）年の秋には永豊鎮の移民村もすっかり固まって、**弥栄村**《いやさかむら》と名が変わり、弥栄神社も建てられ、その祭礼が行われた時、花嫁たちは揃ってそのスカートを履いて少佐を出迎えたという。

移民村のその後の発展の影にこの「大陸の花嫁」がどんなに力強い協力をしているかは言わずもがな、移民もまたどんなに家庭に渇望していたか、それらのことは言わずがものである。


依蘭に上陸した花嫁たちは、そこで少佐の手厚いもてなしを二日に亘って受けた。花婿も依蘭に出迎えていたが、それはまことに希望と感激との交響楽を奏でるものだった。

見知らぬ顔同士が、写真と名との見合い結婚である。花婿と花嫁とが名前の順に整列して、幹部が一組宛の紹介と仲人を兼ねて式を挙げるのだ。集団結婚という事も恐らくこの時が初めてだろう。

「間違えてはいかんゾ。後から取り換えが効かんのだからナ。アッ、ハハハハ！」

東宮がギャグを飛ばして笑わせる。

付添いの親たちや親戚たちが微笑する。立会人が爆笑を噛みしめる。

「よろしく……」

「不束者ですが、よろしく…」

当人同士も喜びと恥ずかしさとに挨拶の言葉もそぞろ、この胸に描いた人を目のあたりにして、結婚はやはり人生の花だ。厳粛な中にも頬が紅潮する。神酒まで用意されて式は挙げられ、その夜は予て少佐の温かい心遣いから、依蘭の街の良家が提供されて、ゆっくりと気兼ねない室々が宛がわれた。


次の日は新夫婦を招待して、倶楽部で歓迎会が催された。夜は演芸会だ。依蘭の町に在住する日本人が全部参列して、にぎやかな一日が送られた。

「仲良くして羨む家庭を作ってください。丈夫な子供を沢山生んでください」

新夫婦へのはなむけの言葉が、鉄男の口からしんみりと述べられた。

「先生の賜です。何から何まで手厚いもてなしを戴いて、ありがとうございました」

「お礼の言葉もございません」

「ありがとうございました」

「では、ここでお送りするから」

行く人、送る人、にぎやかにうれしそうに、人々の口からは仕切りなしに喜びの言葉が次々と取り交わされていった。

支那馬車が列をなして待っていた。

「弥栄！」

「弥栄！」

湧き上がる歓呼のどよめき、歓喜の顔、打ち振る旗、ハンカチの動き！

新夫婦は馬車に揺られて往くのだった。延々長蛇の列をなして。

花嫁百三十人、その花婿と、付添人と、依蘭の街では初めての異風景を見せて、しかも武装移民である花婿は皆銃を肩にしているのだった。花嫁もまた銃をあてがわれて！

流石は大陸の花嫁だ。喜んで銃を担って車上の人になったのだった。

「唯、感激ダ！」

「頼もしいナ！」

鉄男は見送りの人に見せるともなく、誇りたい花嫁のその姿を見て、ひとり感慨に堪えなかった。

「まるで夫婦で仇討にでも行くような姿ですね」

と、微笑んで見送る人もいた。

満人も花婿、花嫁と、この珍しい日本の花嫁を見送った。

護衛の吉林軍がまたこの長蛇の列を前後左右に守って行くのだった。

「弥栄！　弥栄！」

東宮は弥栄を唱えて、いつまでもこの大陸の新夫婦を見送るのだった。

弥栄村《いやさかむら》の名称も鉄男が命名したもので、千振村《ちふるむら》もそうであった。

常々から東宮は「弥栄」の語を主張し、「万歳」とは云わなかった。その後移住地の人々も、青年義勇隊の若人も全部弥栄と叫ぶ。

東宮の着眼独創の非凡さは、そういうところまで及んでいる。
弥栄の語の何んと潤いのあることぞ。そのくらい東宮は徹底した日本主義者だった。

その頃中国人の間では、種々の愛国歌が生まれ、歌われていた。
その一つ—

「松花江上」
我的家在東北松花江上
那里有森林煤鉱
還有那満山遍野的大豆高粱
那里有我的同胞
還有那衰老的爹娘
九・一八、九・一八

＊＊＊

わたしの家は　東北（満洲）の松花江のほとりにある
そこには　森や炭鉱があり　山や野いっぱいに　大豆や高粱が茂っている
そこには　わたしの兄弟が住み　また年老いた父や母がいる
ああ　九・一八　九・一八！

かなしく　つらいあの日から
ああ　九・一八　九・一八！
かなしく　つらいあの日から
わがなつかしのふるさとを離れ
あのつきない宝を投げすてて
さまよう！　さまよう！
　日夜異郷の地にとどまり　さまよう！
ああ　いつの年　いつの月
　わが愛するふるさとへ帰れるのだろうか
いつの年　いつの月　わたしたちのつきない宝の倉を
　とり返すことができるのだろうか
ああ　父母よ
　いつになったら一家団欒の日が来るだろうか
（岸　武雄「化石山」）

「移民諸君にも長い不自由をさせた。移民に不自由させて、このわしが移住しない様な事では済まぬ」
鉄男はそう言って、夫人とも相談の上、移住地向きの藁屋根の家屋を設計し、弥栄村南山にその建築地まで選定していた。そして、夏には、夫人や子供を弥栄村に招いて親しく移住地の生活を経験させた。夫人も子供たちもその夏の移住地生活によって、弥栄村移転を進んで承諾したものだ。

東宮にも知己があった。それは来日し、日本の農村を視察したドイツの**ブルーノ・タウト**である。

タウトは、

「私は日本の農村を見たが、あの稲田の耕作はもう時代に遅れている。日本の農民は流石に勤勉に働いているが、日本の農業の主体は米作におかれ、しかも人肥を用いて獣肥は用いない。それに二毛作も不可能である。全人口の八割を占める農民はただ働きながら、それでいて自分の土地を守って行くのに苦しんでいる。大部分は自分で働いた米さえも食えないというような有様である」

と、日本の農村の疲弊の原因をそう観察したのである。

そのタウトが満洲を視察して、弥栄村と千振村を見学した時、彼はすっかり感嘆したのだ。そして、それが陸軍の軍人によって計画されたいう事を聞いて更に驚いたのだった。

タウトは早速その軍人である東宮を訪ねて、

「貴方は素晴らしい土地へ着眼された。私は日本の農村を見て気の毒に思ったが、こういう土地にあの勤勉な日本の農民を入れて耕すとは素晴らしい考えです。これは必ず素晴らしい成功をしますよ。ドイツはあの遠い南米に移民を五百万人も送っていますが、それには一世紀もかかりました。日本が満洲にこういう耕作地を持っていることは何より強みです」

そう言って称賛を惜しまなかった。

「ありがとう。同じ満洲でも北満の方が、地味が肥えているからですよ。丁度外国なら北米、カナダにおける農業地帯に当たりましょう。所謂大陸的気候ですが、四月の解氷期から気温が急速に上昇し、作物の最も成長する五、六、七月頃は日本内地よりも気温が高くなるので、耕作に非常に有利なことです。

満鉄線の西側やモンゴル地方にはアルカリ地帯などがあって大量の集団移民には都合が悪いが、ここにはそれが無いことです。ご覧のように黒色土か藍色土の地味ですから肥えている。この辺では南満のように高粱は主要食物ではないが、高粱の代わりに麦類に適しているから、日本人には却って好都合です。大豆も北満では重要な作物ですし、水稲も充分発育します。今、果樹木のみが栽培されていないが、その他の野菜なら何でも出来ます。煙草も良く出来るし、将来は麻類も有望と思いますよ」

「そうです。そうです。今に第二のウクライナになりますよ」

「ありがとう。北満の移民は最初三年間共同作業をすると、それから自作農になります。将来一戸当たり十町歩の可耕地を耕作するように予定しています。自給自足で、一集団は村です。あの第一次の移民地の弥栄を見てお分りのように経済機構は一切村の協同組合の統制下に行われ、購買、販売、農産加工、建築、鍛工等相当充実して来ています。小学校も出来て、第二世も嬉々として学んで行けるようになるのも遠くないでしょう」

「実に立派な移民地です。羨ましいです」

「ありがとう。そのうち弥栄村では酒も造りますよ。アッハハハ！」

「確かに寒い所を選んで良い結果です。私、日本では青森まで行って農村を見ました。北満より暖かい青森が北満より仕事が無いです」

「移民地では冬は伐採木、運材、製材、穀物の運搬、薪炭の製造、農産の加工、女はホームスパンの製造、手工業などやっています」

東宮はタウトとはすっかり話が弾んで、農村経営論をやった。

タウトは軍人である東宮が農業にも造詣深いのに感嘆し、その北満移住の非凡な着眼を幾度か褒めた。鉄男もその時は嬉しかった。そして思わざるところに知己を得て愉快だった。

（資料13）ブルーノ・タウト

あとで後輩の一人に、

「ドイツの学者から褒められたよ。専門家に褒められてうれしかった」

と正直に告白している。

ブルーノ・タウトは、ドイツの東プロイセン・ケーニヒスベルク生まれの建築家、都市計画家である。鉄のモニュメント（一九一〇年）、ガラスの家（一九一四年）が評価され、表現主義の建築家として知られる。晩年はナチスの迫害により、亡命先を探していた際に、上野伊三郎率いる日本インターナショナル建築会から招聘を受け、一九三三（昭和八）年に来日し三年半滞在した。当時の日独関係上、日本政府から公的な協力が得られなかったことから、然るべき公職が得られず、トルコ政府の招きにより転地し、当地で没した。桂離宮をはじめ、伊勢神宮、飛騨白川の農家及び秋田の民家などの美は、タウトにより「再発見」された。彼は、桂離宮と伊勢神宮に「永遠なるもの」を見、日光東照宮を「キッチュ（いかもの）」と断じ、その著書『日本美の再発見』や『日本文化私観』などによって、日本人の文化・芸術に大きな刺戟《しげき》を与えた。

垂糸三千丈不釣凡鱗　三江漁父

鉄男は自ら三江漁父と号した。由って来たる所は、黒龍、松花、鳥蘇里の北辺三江を漁る漁夫という感懐なのだ。

だが、凡鱗を釣らずとは、言わんとするところは何か。否、否、縁大なる北進論を抱く三江漁夫とすればいわずもがな。

法友東本願寺の月輪師に、

「月輪さん、私が真っ先に沿海州に飛び込んでいったら、あなたも来ませんか、ハバロフスクに立派なお寺を建てましょう」

ある時、鉄男は真面目になってそういうことを言い出した。

「人間はどうも身近に宗教を置かぬと索漠たるものですね。西洋人は開拓にしろ、征服にしろ、新領土への先頭に宣教師を起てて行くが、あれを思うとなるほどと思いますね。心の糧を与えるというが、確かにそうだと思いますね。開拓民などが一日の仕事を終えて自分の掘っ立て小屋に帰ってくる。そうすると鐘が鳴る。それを合図に宣教師の掘っ立て小屋に集まって夕べの祈りをする。そういう光景が良いですね。南洋あたりでも、仏領印度なんかは宣教師が征服の下地を作っている。一番に宣教師が乗り込んでいる。

日本など例の和冠やら山田長政という南洋進出者があれだけ働いていながら、遂に一寸の領土も持ち得なかったのは、確かに宗教の進出を持ち合わせなかったことも原因していると思うんです。鎖国主義ばかりではない。第一日本では人の後ろに直ぐ娘子軍が行く。娘子軍の先頭では開拓も征服も出来る訳がない。そんな例を見た事もない。日本の仏教などは海外進出が遅れている。

三百年も四百年も昔にああして切支丹が西の果てから東の果ての国に渡来して来て、宗教によって人心を掴んだことは、偉とすべきですね。マホメットが剣とコーランとで新領土を築いていったという事は新領土征服の機微を捉えたものじゃないですか。そこでひとつハバロフスクにお寺を建てて、遍《あまね》く仏光に浴させましょう。どうですか！」

「ハバロフスクですか？」

月輪師もちょっとたまがった。ハバロフスクと言えばソ連の心臓だ。

「そうですよ、ハバロフスクですよ」
と、鉄男は自説を肯定して、また話を進めるのだった。
「ソ連のバウレンコという小説家の『極東』という本には、ウラジオストクの潜水艦が日本海を突破して瀬戸内海に侵入し、呉軍港の襲撃を敢行するという場面がありますが、戦略的にいってもウラジオの存在は日本にとって唯一つの脅威となるものです。だから日本海の如きは、日本の内海としなければいかん。それだのに政府や満鉄は実にくだらない事をしている。羅津《ラジン》なんかに築港しているが、全くつまらない無駄な事だ。ウラジオなんかは五年もしたらこっちのものじゃないか」
という調子で、東宮独特の**北進論**が語られたものだ。

そもそも北満武装移民が少佐の脳裡の最後の仕上げを終わった時には、単に沃野を開拓するというだけでなく、もっと重要な対露国防の項目が含まれていて、一朝有事の際には国境の防備に当たるという深謀遠慮があったのだ。

ソ連が極東に対日戦備を充実し、満洲事変以来は特に態度を硬化し、要路の大官さえ露骨な対日挑戦を放言し、日ソ開戦も敢えて辞せずという強硬態度を示したものだ。

事実一九三三（昭和八）年の秋には、欧米では日露開戦説が流布され、のみならずソ連が勝利を博すと見ることは必ずしも不当ではないと、軍事消息通すらそういう見解をとっている有様だ。

翌る年の一月には米国のソ連承認があり、ソ連の対日地位は鞏固《きょうこ》となって、開戦に非ずとされた。そういう有様で、北樺太に於ける石油と石炭の利権が圧迫され、北洋に於ける漁業権が蹂躙されるという事態が年々繰り返されていた。

「近く戦争あり、敵は支、露、米なり！」

とは、既に鉄男が岡山時代から言っていたことだ。

「レーニンは、ボルシェヴィキの世界赤化は日本を撃破して初めて可能だと言っているではないか。北満に於ける匪賊の半分は赤魔の手で動いているではないか！　東洋平和を思うものは、そこに根本問題を置いて考えなければならないのだ！」

東宮はそう言って、その北進論を敷延したものだ。

負けず嫌いと凝り性で、自分の腹案にあることは実によく研究する。

東宮の北進論の謂は、留学を終えて帰朝するに際しては陸路北上、漢口から上海、天津、北京と観察し、更に満洲に及んで、その帰結するところは、永久に支那は独立国家として自立し得るものに非ずとした。

「アジアを統一するものは日本だ！」

鉄男はこの確信を得たのだ。

「如何にして統一するか」

そして、この提題に対して、その解決に当たらんとしたのだ。

「南は海軍に任せて良い。吾人は北進あるのみだ！」

鉄男の北進論はここにあった。

アジアの地図を見れば支那大陸に続いて、膨大なシベリア大陸が日本の上を蔽っている。満洲の軍閥政権を打倒し、更に北に進んで一大国家を建設せんとするのが、東宮の北進論なのだ。

曾て北守南進論が唱えられ、また北進論があったにせよ、それは満洲を限界とした所以であったが、東宮はこれを覆して北進論を建てた。

「黒龍江を制するものは亜細亜を制するものだ！」

と、それが東宮のいわんとする北進の語であった。

従って大尉に進級し、奉天独立守備隊の中隊長として渡満した東宮が、その北進論の前にまず満洲に於ける軍閥政権を打倒せんと活躍したのは当然だ。況や排日の毒手を弄するものに於いてをや。

かくして満洲事変が勃発し、軍閥政権が倒潰して満洲建国となった。それは東宮にとって来たるべきものが来たまでである。

「東宮大佐こそ満洲建国の恩人である」

と、それは知る人ぞ知るであろう。

だが、もしその満洲建国が単に満洲三千万大衆のみの国家であったなら、東宮としては承服し得ぬものがあったろう。東宮の北進論の根底は、単なる北進ではなく、大なる大亜細亜主義にあったことだ。更にその根底を極めればそこに尽忠の誠があったことだ。

「大亜細亜をして我が国体の尊厳に同化せしめるのだ！」

これが東宮の信念だった。

「南進論者は、赤道を制する者は世界を制すというが、もう赤道に獲る所はないじゃないか。俺は陸軍だから北進だ。机上の空論を振り回すことは、俺は嫌いだよ。

　南進は海軍に任せればよい。脚下照顧《しょうこ》だ。北を固め、北を制さずして、南進もあるものか。先ず北進だ。北進こそ我々の故郷に還るようなものじゃないか。アジア民族の発祥の地はモンゴルから黒龍江、シベリアにあるのだ。それが南下して熱帯で民族の文化を作り、その民族の文化と共に再び温帯に還り、温帯から寒帯へと戻っているのだ。

　ゲルマン族を見てもそうだ。あれは北洋に発祥し、次第に南下し地中海にまで至って、再び北上し、エルベ河の流域に今のドイツを作ったのだ。だからドイツもこれから北上しなければならん。スラブ族なんかはコーカス地方の民族なのだ。民族の移動からいっても、我々が北進するのは謂わば故郷に還るのも同じなのだ。アジア民族の中で優秀な我々日本民族が大亜細亜を建設し、号令することは当然じゃないか！」

　こうして、東宮の北進論には民族の優秀性を根本に置いて、沿海州に着目していたものである。勿論それは現実の問題として、ソ連の対日態度を検討してのことだ。

「俺の死ぬところはウスリーの彼方にある」

と、若い側近の青年たちに向って北を教えたものだ。

「お前の命は貰ったぞ。向うへ渡って一緒に死のうな」

と、良く青年たちにそう言ったものだ。

　　共に往かんアムールの果て　韃靼《だったん》の海
　松花　黒龍　ウスリー超えて

（資料14）東宮鉄男肖像並びに筆跡（出典：『東宮大佐傳』）

大和男児の往くところ
旗もなびかせ　ハバロフスク

即興にも北進の歌も書いた。そして、それを青年に歌わせてもして、士気を鼓舞したものだ。

「俺は南から北へ北へと上って来た。奉天、長春、哈爾浜、依蘭、佳木斯、富錦、饒河、この次にはどうしてもハバロフスクだ。天が俺に命じているのだからな！」


東宮の言う通り、奉天の独立守備隊より依蘭地区警備隊の顧問となり、更に富錦の特務機関を兼ね、饒河に討伐の軍を進め、松花江と烏蘇里の二江は何處に狗漁《カワカマス》の火があり、何處で牛尾漁《コチ》がよく釣れるかと魚の居る所までお見通しという位に親しんできた。そして黒龍江の水が一緒になる所がハバロフスクだ。黒龍江と烏蘇江との向こうはいわゆる馬蹄型対日包囲団がある。

「相手が見えるぞ、相手が。向こうも盛んにやっているな」

河を隔てて対岸が見える。

虎視眈々という状況が、国境の不気味さを視野に送って来る。

やはり国境だ。事変以来目立って越境事変が多くなるにつれて、戦争でない戦闘が国境で繰り返された。一度は密山《みっさん》における満洲軍の一部隊がソ連領に進入し、密山を攻撃したりした。ソ連の魔手は直接そういう所にさえ動いているのだ。その度に国境警備の日本軍に死傷を生ずるという有様である。富錦特務機関にいる少佐の部下にも犠牲者を出した。しかし、南満と違って、北満はその直接舞台だけに活気が横溢《おういつ》し、何か澎《ほう》湃《はい》たる意気が国境に向けられていた。

鉄道沿線を遠く離れた荒涼たる原野と森林との奥地に明け暮れ、来る日も来る日も匪賊相手に銃取る人々だけに、そこには一騎当千の豪の者が集まっていた。それこそ南満では見られない熱と意気との天地だ。身近に感ずる国境の不穏な風雲に血が燃えるのは当然だ。アムールの彼方、ウスリーの彼方、そこには東亜の平和を毒する赤い国がある。小面憎くも越境しては挑戦して来る。シベリアがソ連領である限り、それは免れない事だ。

「俺の死に場所はウスリーの彼方だ！」

と、その国境を睨んだ東宮は、その心血を注いだ武装移民も一九三三（昭和八）年における第二次が千振村を起こし、一九三四（昭和九）年には第三次が濱江省綏稜に瑞《みず》穂《ほ》村《むら》を起こし、三年も経つと多難な初期時代を切り抜けて、爾後の発展を予約する光明を認めるに至ると、在郷軍人の武装移民を更に一歩進めた。そのために烏蘇里江の要塞饒河の地を選んで、謂わば**現役武装移民**を計画したのだ。

一九三四（昭和九）年九月十六日、大連大谷光瑞師、茨城県国民高等学校校長加藤完治、宮城県松川五郎等の推薦によって少年隊が結成され、吉林省饒河県饒河の地で教育が始まった。

この募集によって集った者は十四名で、一九三五（昭和十）年三月渡満し、続いて第二次の十六名、第三次の六十四名を加えて八十数名となった。

施設や土地、それに武器も順次揃って家畜も成育し、先の武装移民団に比して大成功を納めた。この少年隊の名称は「**饒《じょう》河《が》少年隊**」と名づけられ、**大和村北進寮**を造った。

資金は東宮の投じたものであった。

「御下賜金は自分一人で消費するものではない。自分の今日の名誉は大勢の人々のお蔭である」

と、鉄男は満洲事変の功積により功五級金鵄勲章を賜り、御下賜金を賜ったが、その御下賜金を少年隊の為に全額投じたのである。

饒河は北満の辺境の地である。

しかも国境であり、江を隔ててソ連と対し、謂わば物騒な地である。今日に於いても饒河少年隊の地大和村北進寮の所在はいずれの入植地よりも最東端、ぽつんと一ヵ所かけ離れた存在を示している。そこに十五、六才の少年を養い、少年ここに生きろという。

しかし、東宮はそこに他人の子ばかりを集めたのではない。甥の明治少年をも親の許よりもぎ取って、少年隊の一員としたのである。

明治少年は高等小学校を出たばかりの、まだ十五才の子供で、母親はそんな遠い所に手放したくはなかった。

「明治はああしてお父さんも一番かわいがっていらしゃるんだし、身なりだって同年輩より小さな子を……」

母親は不承不精だった。

「姉さんは子供を自分のもののように考えてはいけない。天子様から預かって育てているのだ。お国から預かっているのだと考えなくてはいけない。子供を一人、天子様に捧げたと思ってください」

そう言って、東宮は遊びたい盛りの甥を饒河に連れて行ったのだ。

そこでは十五才だからといって、隊長の甥だからといって怠ける事も徒食する事も許されなかったし、また東宮も許しはしなかった。銃を背に警備にも出、炊事当番にも当たり、営々と畑を開墾させるのだ。かわいい子供には旅をさせろというが、北進寮の寮生活はそんなものではない。規律と訓練と労働と、恰《あたか》も兵営に生活する現役兵と同じなのである。

青年義勇軍が満洲開拓移住民の中堅となって、世界の何處にも類のない我が国の独特の組織をもって、真に理想的な移民道を実践しつつあることは世界に誇るもので、その意気、その理想、その剛健、しかしてその将来、誠に刮目すべきものである。饒河少年隊こそ、その**青年義勇軍**の濫觴《らんしょう》を為したものなのだ。

大和村北進寮建設史によると、

〔目的〕

日本青少年を鳥蘇里地方に試験移民として入れる。

〔方法〕

内地の青年を募集して饒河にて農耕の傍ら特別の教育を施す。

となっている。

北進寮々生心得として、

一　建設の礎石たる修養をなせ。

高位顕官を夢見るより卒伍の闘士たれ。豪農紳商たる前に先ず優秀なる農夫、正直なる小僧たれ。

（北進寮建設の目的は真の憂国の士を養成し、将来大亜細亜建設のために働き得る真の闘士を作る

ことにある）

金銀は美しけれども世を利すること鉄鋼に如かず、回天の偉業は諸子等礎石の上に建設し得るものなり。

（目先の小利を得しむる教育の弊を脱し、晴耕雨読、機に到るときは礎石として回天の事業の前に勇奮せしむる）

志操は常に高尚なれ。

正業に敵なし。

日満人といえども吾行かんの意気を以て、朗々大道を闊歩すべし。

（純真なる少年にして初めてこの教育は徹底し得る、指導者又この気を養うべし）
二　犠牲心を養い日本人先ず団結せよ。
由来日本人には出身地縁故等により小結合をなし、他を排斥し、他人の事業には兎角何とかかんとか文句をつけ、此れが成功を妨害する性癖あり、この悪癖を矯正せざれば、我が大陸政策は大成せざるべし。

諸子は今日より心境を大にし、己を空しゅうして他を支援するの修養を為すべし。

（郷土人が情誼的に結合するは人情的に自然なり。然れども、一国の興亡を憂うる者は、右の如き情誼に対しても、厳としてその正邪を判別し得る修養を為すべし。志同じうして生死共に誓える者にて、郷党相同じくするは尚よし。然れどもかかることは稀なるべし）
三　大和民族の大使命を自覚せよ。
天に二日なく、地に二君なし
皇道以外は邪道なり。
大亜細亜の建設は、日本が強くなり、正しく東亜を統一するの日に成り、世界の平和は全世界の天皇陛下が統一し給うの日に来る。
満洲国建設の大精神も亦茲に存す。

と示されている。

饒河は北満の辺陲《へんすい》の地であるが、烏蘇里江の要衝《ようしょう》として、北はハバロフスクに、南は遠くウラジオストクを望んで、対ソ工作上重要な地位にあるもので、軍事、政治、治安と饒河工作については少佐の心血を注いだ処である。

対岸はソ連の要衝ビギンだ。一九三六（昭和十一）年の夏、饒河の前面の中の島がビギンのソ連兵によって占領され、満人と日本人が殺害された所謂中の島事件が起きた時、東宮は砲艇二隻と常勝隊を従えて饒河に乗り込み、激戦を交えてソ連兵を撃退したことがある。

「これでソ連兵の腕も分かった。北進の道恐れるところなし」

と、東宮は秘かに腹で思ったのだ。

それからまた白系露人に着目して、**大亜細亜連盟団建国前衛第一軍**を編成した事など愉快でもあり、また如何に対露問題を深刻に考えていたかが分かる。

白系露人が零下三十、四十度という極寒の夜、屋外で、懐中電灯一つで自動車の修繕するのを見て、

「来たるべき祖国の危機に何か役に立つ」

と、東宮はそう思ったのだった。

計画すると実行せずにはいられない東宮の事だから、直ちに哈爾浜に出て来ると、濱江《ひんこう》地区の警備顧問で、親友でもあり同期生でもある小野行守少佐を訪ねて、

「小野、こんなことを考えた。一つ実施してみるが、眼をつぶっていて呉れ」

と相談したのだった。

「うん、良かろう」

「昨日、コザックと相談を済ませた。帝政時代の騎兵少佐のイリン氏以下五十五人が来ることになった。資金と武器だが、資金の方は目をつぶって呉れ。武器は新京から手配をお主に頼むぞ」

こうして小野少佐に万事を相談し、その助力を請うた。

「よし、それじゃやれ！」

「やるぞ！」

一九三八（昭和十三）年二月十九日　哈爾浜の大澤集氏の推薦せる露国少佐イリン以下白系露人十五名を、饒河県義順号に移住せしむ。

隊長　新潟県人　山田與四郎

幹部　三重県人　堀　小兵衛

　　　青森県人　舛田佐吉

　　　東京人　太田宇忠

　　　広島県人　太田小三

　　　　　　　関　誠

山形県人　野川庄八
三重県人　井上庄太郎
福島県人　白土五郎
大分県人　佐知　隆
長崎県人　本田豊吉
群馬県人　富田重三郎
三重県人　西尾三男

イリン・ニコライ（帝政ロシア時代の陸軍少佐）外露人五十有余名

こうして、白系コザック騎兵を以て一部隊を編成し、それに常勝隊の豪の者を参加させ、イリン騎兵少佐がコザック側の隊長となり、鉄騎隊生き残りの勇者山田與四郎が日系側の隊長となった。常勝隊の隊長西山勘二はそれより三ヵ月前、依蘭の東三家子の匪賊討伐戦に於いて戦死していたからである。

かくて、**大亜細亜連盟団建国前衛第一軍**と命名し、これを国境の前衛として饒河に配したのである。最初の計画では、これを満洲国の有力別働部隊とし、人員の数も五百人位を予定したのであるが、そこに種々の事情が出来て正式の許可を許さぬ者があった。そのためにこれも武装移民の形式に於いてなさざるを得ない羽目となった。

しかし、東宮の意のあるところは何處にあったか、勿論それは言うまでもないことであるが、ここにその宣言を見てみよう。

一　亜細亜ノ被圧迫人類ハ圧迫者ノ●●（二字不明）ヲ脱シ、各民族ニ適応スル形体ノ完全ナル独立国家ヲ建設スルト同時ニ天皇ヲ盟主トスル最高統治国ノ下ニ団結シ、人類永遠ノ平和ヲ期ス

二　大亜細亜連盟団建国前衛第一軍ハ天皇ノ聖旨ヲ奉体シ、先ス日本、シベリア、満洲ノ結盟ヲ、次テ中華民国、インド他全民族団結ノ実行ヲ期スル聖軍ナリ

三　大亜細亜連盟団建国前衛第一軍ハ皇道ノ為ニハ人法ノ掣肘ヲ受ク

これで見るように、意図するところは遥かに大なる所にあった。

日本の国防を期すため、被圧迫下にある亜細亜民族を解放するため、その一つの礎石を大陸に打ち建てようとしたのだ。勿論、事変下に身命を賭して大陸に活躍した人々は、亜細亜建設の理想に燃えた。北満に在って、祖国を想い、東亜を想う東宮にとって、縁大なる北進論が描かれたのも当然といえよう。

饒河少年隊の成功に気をよくした関東軍参謀部では、関係機関を招集して、移民を促進させるために満洲現地に「**青年農民訓練所**」を造ることを図り、そして一九三九（昭和十四）年中には三ヵ所の訓練所を設けて三万人の青少年を移住させる計画が立てられた。

一方、この計画と前後して、加藤完治は、新しくできた茨城県**内原農場**に於いて三百名の青少年拓植訓練を始め、一九三七（昭和十二）年には三回に分けて全員渡満させて饒河少年隊と合流させた。

この頃、日本内地では、饒河少年隊の入植成功と青少年訓練生の渡満によって満洲開拓熱が盛り上がり、

青少年の大陸雄飛への夢を大きく膨らませていた。こうした国内情勢にこれまで高鳴る胸を押えていた満洲開拓の指導者達は、今こそ「**満蒙開拓青少年義勇軍**」編成の時期到来とばかり、その動きは活発化した。

そうした折の一九三七（昭和十二）年七月、蘆溝橋事件によって日中戦争が始まり、日本にとって満洲国建国の意義は一層強まり、ソ連に対する北満の護りと共に日中戦争への兵力の投入は一挙に倍加した。このため従来から進められていた成人の満洲移民は、若者が相次いで軍隊応召されて先行きは暗いものとなった。

満洲移民の指導者達の頭には、こうした情勢判断によって満洲開拓はいやが応でも少年に頼らざるを得ないものとし、そしてこれら青少年を以てソ満国境防備、満洲国内僻地の治安維持、さらに戦時下の食糧不足を補うための食糧増産に向けるという大きな発想があった。

こうして一九三七（昭和十二）年十一月三日加藤完治外五名の指導者は「**満蒙開拓青少年義勇軍編成に関する白書**」を近衛文麿総理大臣ほか各閣僚に提出した。

満蒙開拓青少年義勇軍編成に関する白書の一部を抜粋してみる。

―満蒙開拓青少年義勇軍の為さんとするところは、わが青少年を編成して勤労報国の一大義勇軍たらしめんが為に全満数ヵ所の重要地点に大訓練所を設けてここに入所せしめ、開拓訓練即教育、軍事教練即警備なる現地の環境に即せる方法によりて、日満を貫く雄大なる皇国精神を錬磨せしめ、これを以て他日堅実なる農村建設の指導精神たらしめ、併せて満洲農業経営に必要なる知識技能を修練せしむるにあり。かくして大訓練の過程を終りし者は、遂次鉄路自警村・既設移民団・将来の移民根拠地等に設けられつゝある中小幾多の青少年訓練所に転出せしめ、さらに修練を重ねると同時にこれに依りて、或は国策移民の完成を助け、或は将来の移民地を管理し、或は交通線を確保し、一朝有事の際に於ては現地後方兵站の万全に資するところあらんとするものなり。而してこれらの課程を終了せるものより、漸次これを国策移民の基幹部隊として適宜集団土着せしめ、盟邦の根底を築かんとす。なお彼らの中満十七才以上の者は現行制度に於ても志願兵たる資格あるが故に、これらの者の為に大訓練所と連繋して志願兵部隊を特設するもまた時局に適応せる一策たるべし

（中　略）

若し夫れ刻下の情勢に於て、斯の如き多数青少年子弟の応募を期し得るや否やの問いに対しては、われらは断じて憂うるの要なしと明言せん。何となれば、これを現在我が国人口構成の統計に観る限り、満十五才以上十八才の農家子弟大約百五十万、その内郷土を離れて他に職を求むるのやむなきもの大約七十万を算す。これら青少年の過度なる都市集中が、或は多数の失業者群を発生し、或は国民体質の低下を誘致し、或は各種社会問題、思想問題の因となる等国家民族の未来に如何に大なる疾患をもたらすべきやは、われらの憂慮に堪えざるところなり。近時軍需工業賑盛を極め、多数の青少年工を吸収しつゝあるも、なお幾多の青少年は農村に待機しつゝあるのみならず、就職年令（略満十五才）に対して離村すべき者年々約二十万を算す。ここに義勇軍編成の事を揚げて、希望に満ちたる生活の門戸を開き、最も有意義なる銃後報国の方針を示すに於ては、全国の子弟は翕然これに応じて起ち、夫老また欣然これに讃するを疑わず。現にこの企図を伝え聞ける地方に於て、鶴首その実行を待望しつゝあるの事実はこれを証して余りあるべし―

この建白書に書かれているように、義勇軍の目的は満洲国の開拓は勿論であるが、国防力の増強と内地に於ける人口問題も併せて解決するといった目的を有しており、内閣もようやくこの意義の重要性を認識してこれを国策として推進することを一九三六（昭和十一）年十一月三十日の閣議で定め、いよいよ昭和十三年から青少年義勇軍の募集を開始することとした。

募集は「青少年開拓民実施要領」に基づき、昭和十三年度には五万人、いかなる場合でも三万人を下らないものという目標を掲げて行われ、十三年度第一次として五千名を募集した。ところが全国的にその反応は大きく、応募した者は九千名を越した。このため予定を変えて七千七百名を採用し、さらに同年五月七千五百名、六月に千名、八月に二千五百名をそれぞれ茨城県内原訓練所に入所させた。

義勇軍の募集はこのようにして始まり、青少年に対して驚くほどの反応と白熱ぶりを示したが、なぜこのような状況が生まれたかといえば、この仕事を司る**満洲移住協会**が、全国各地の小学校や青年学校を訪問して卒業生の志願を奨める一方、府県当局を動かして学校現場に対して義勇軍募集に協力するよう指導させることに成功し、町村吏員や学校教師によって青少年に満洲移民の熱を煽り立てた結果によるものである。

義勇軍の募集の内容は、次のようなものであった。

一　年令は数え年十六才（早生まれ十五才）から十九才までの者。
二　経歴職業の如何を問わず尋常小学校卒業程度の学歴を有する者。
三　健康状態は特に重要で、現地に於いて共同生活や農耕に従事できる者。

四　父兄の承諾は絶対必要であること。また本人自身も大和民族の先駆として大陸経営の第一線に進んで立つだけの強固な意志と、満洲に骨埋める覚悟を持つ者であること。
五　試験に合格したら、示された日時に茨城県東茨城郡下中妻村大字内原にある訓練所に入所する。旅費は汽車の場合最下級運賃、自動車、馬車の場合は一里につき二十銭とする。

入所した少年たちは、内原訓練所に於て約三ヵ月の厳しい訓練を受け、訓練が終わると各中隊毎に指導員に引率されて出発した。

満洲に着いた義勇軍は、関東軍の意向で「**満洲開拓青少年義勇軍**」と呼ばれ、四ヵ所の大訓練所と三ヵ所の特別訓練所にそれぞれ配属された。訓練生はこの大訓練所で一ヵ年の訓練を受け、更に二ヵ年、小訓練所で訓練を受けたが、その後訓練方法も改正され、一九三一（昭和六）年から同一訓練所で三年間の訓練を受けるようになった。

現地での訓練は教学訓練・軍事訓練・農事訓練・特技訓練・生活訓練と巾広く、一年間に二百四十日、一千四百四十時間が目標にされた。

日課は夏と冬によって若干違うが、夏は五時半から六時に起床し、消灯は午後九時半、冬は七時起床、午後八時半消灯といった状況で晴耕雨読方式だった。

こうした苦しい訓練生活のなかで楽しみといえば週一回の酒保開け（酒・茶菓子の販売される日）、毎週一回の演芸会、故郷からの便り、満人部落に行って魚とりをするくらいのものであった。

少年たちが収容された大・小訓練所は大体五十ヵ所位あったが、一九三九（昭和十四）年と一九四四（昭和十九）年では位置や名称も変わってきている。ちなみに一九四四（昭和十九）年の訓練所の種類と名称は次のとおりである。

満洲訓練所の種類と名称

一　大訓練所

鉄驪・勃利・対店・嫩江・孫呉・大額・大石頭・寧安・東寧・一面坡・哈爾浜・昌図

二　小訓練所

（満鉄経営）

大崗・聚和・三井・万順・尾山・伊拉哈・柏根・南柏根・八州・尚根・泥安・凌雲・拉哈密・興安

河湾子・小姑家・柳樹河・豊栄・哈川・二井・李家・通北・黄金子・追分・楊木・青山・娞紛河・紫陽・

尚家・四台子・耿家屯・小東・娞中・帰流河・大和

三　特殊訓練所（訓練本部経営）

朝水訓練所・蓋平増健訓練所・響導訓練所

（満鉄経営）

奉天鉄道訓練所・撫順炭鉱訓練所

この義勇軍は、一九三八（昭和十三）年から全国青少年に満洲大陸への夢とあこがれを抱かせて、十五、六才の少年を八万六千余人にわたって満洲へ送り込んだものである。

しかし義勇軍の内容について知る人は少ない。現状は如何なるものであったろうか。例えば、鳥取県羽合町から延二十五名の者が渡満した。

次に掲げる記事は、一九七三（昭和四十八）年に発刊された森本繁著『ああ満蒙開拓青少年義勇軍』の内容を参考とし、鳥取県羽合村の義勇軍に応募して渡満した人で、昭和十三年組の西垣芳信、昭和十八年組の高浜市太郎に当時の思い出を聞いたものである。

西垣芳信＝「義勇軍募集の案内によって大陸に雄飛したい気持ちにかられ、昭和十三年第三次分に応募して内原訓練所に入所した。三ヵ月の訓練を受けて勇躍渡満して哈爾浜の訓練所に入所した後、懸包など四、五ヵ所転々としたが、どうにか訓練期間を終わって開拓団へ移行し共同で荒地を耕した。

しかし開拓し易い南の方は、先に入植している一般移民の者たちで占められており、我々に与えられた場所は北方の未墾地であった。

この土地を農耕地として開拓し、しかも自分たちの生活の場にする建物からして造ってかかるという作業は並大抵のことでなかった。応募前や内原訓練所で聞いたり、考えたりした状況とは大違いであり、折角ここまで頑張った義勇軍の務めであったが、将来の見通しに大きな不安を感じて昭和二十年早々に内地に帰り軍隊へ入隊した。本当に苦しかった数年間であった」

高浜市太郎＝「昭和十八年の高等科二年生のとき、学校の先生に義勇軍応募を勧められ、小作百姓の生活よりも満洲の広大な土地を耕して生活することに大きな夢を托して応募した。合格して内原訓練所に入所したのはまだ高等科二年生卒業を目前にした一月頃の寒いときだった。長瀬からは松嶋・西原と三人が一緒に出発し、軍隊に出る時と同じように区内の人達が村はずれまで万歳の声で送ってくれた。内原訓練所で厳しい訓練を終えた春三月、あこがれの満洲へ渡った。一緒に行動を共にしたのは三百人余りだった。

着任地は北満にあたる北安省通北縣の訓練所であったが、当時の戦局は日中戦争が抜き差しならぬ状態で拡大の一途を辿っている時であり、満洲関東軍の意気はまだ盛んだった。従って訓練も順調に行われ、暖かい時は農事訓練をしたが何といっても軍事訓練に重点が置かれた。そしてまた鉄道警備や歩哨の任にも就かされ、厳しい寒気と戦いながら立った歩哨の辛さは例えようもないものだった。

食事は米と調味料を除いてほとんど自給自足で賄われ、楽しみといっても別になく望郷の念にかられて神経衰弱になる者が多く、ほとんどの者が多少そうした傾向にあった。ひどい者は中途で内地へ送還されることもあった。

しかし突然の終戦という事態となって、今まで付き合っていた満人との立場は逆になり、日本人であるためのみじめな逃避行が始まった。渡満当時我々の隊は二百六十八名いたが、軍隊へどんどん応召されて終戦時には僅か二十九名の小集団となっていた。昭和二十年十月三十日、なかなか乗ることのできない汽車にようやく乗って南下する行動が始まったが、途中汽車が脱線して約二週間手間取りようやく新京へ到着した。

一行はここで炭坑の仕事をみつけて働くようになり、近くの学校へ寝泊りした。衣類にはシラミやノミは当然だったが、発疹チフスが流行して一緒に働いている仲間が次々と死んでいき、約半数は死んだように思う。私たちも患ったが幸い軽くて済み、こんなところに居ては死ぬと考えて飛び出し、転々としながら、錦州にたどり着いて引揚船に乗ることが出来た。内地へ帰ったのは二十一年六月だった。

内原訓練所にいたとき、訓練所内には大陸の花嫁候補が多くいた。これは渡満している者がどうにか妻帯できるようになれば、お互い紹介されて結婚し渡満するものらしかった。

戦後三十年を経て今思うことは、いかに戦争時代とはいえ、十五才ぐらいの少年の夢を掻き立てて北満へ向かわせ、その結果悲惨極まりない末路だけを残した思い出は一生忘れることのできない悪夢であったように思われる」

内原訓練所の記録による義勇軍送り出し表には、一九三八（昭和十三）年から一九四五（昭和二十）年までに渡満した数が八万六千五百三十名で、このうち訓練を終わって開拓団に移行した者は約六万名となっており、従って残りの二万余名が満洲訓練所で終戦を迎えたことになる。これらの人たちは終戦と共にソ連軍の進攻をまともに受け、とくに北方に配属させられた者ほど悲惨な目に出会った。

これが実情であったのである。

第四章　満洲を去る

北満に在って五年、隆々たる開拓移民の基礎を打ち建て、討匪に、宣撫に、或は満軍の育成に、満洲国の側面にあって身を挺しての辛苦を舐めた東宮も、五年にして一介の武人に還ることになった。

「北満の主！」

「三江の父！」

「親分！」

「先生！」

「東宮老頭！」

と、日本人にも満人にも、男にも女にも、部下にも浪人にも、敬されて親しまれた東宮も、一九三七（昭和十二）年三月、新京に於いて**治安部軍事顧問**として勤務することとなった。

それは治安部最高顧問が交代して、新たに佐々木到一少将が就くことになったが、その秘書に誰を持って来るかが問題になってのことだった。

「東宮が適任だ」

ということになって、それを佳木斯の東宮に伝えると、

「俺は、中央は嫌だ」

と言って、ウンと言わない。

仕方がないので、佐々木少将は同期の芳賀少佐を佳木斯に派遣して説得させた。その結果、「よし、そうまで言ってくれるなら人生意気に感ずる。新京に行こう」

という訳で、二人は哈爾浜に落ち合う約束になった。

東宮の新京転任が知れると、その送別の宴の申し出が大変だった。流石に東宮の存在は大きかった。とこ

ろが東宮はそういう送別の宴を固辞して、固辞して、飛ぶが如く三江省を去ったのである。

そして哈爾浜で芳賀少佐に落ち合ってみると、その仕事は事務だった。

するとと東宮はまた不承を言い出した。

「俺は事務屋に来たのではない。俺を遇する道を知らない。それじゃ俺を武士的に遇する道ではない。俺は移民の事や匪賊討伐をしている方が良い」

これには芳賀少佐も怒ってしまった。

「勝手にせい。貴様とは絶交だ」

ところが、佐々木少将からは、是非にも東宮を説得せよ、という命令なのだ。そこで、明日は内地に転任するという忙しい身体を、また夜の十二時ごろ東宮を訪ねて、その説得だ。その説得で二時になってしまった。それでもウンと言わない。仕方がないので、帰って来てしまうと、その明け方、東宮が訪ねてきた。

「俺が悪かった。貴様の言う通りにする。良く説いてくれた。俺は人生意気に感ずと言ったのに、例え事務であろうと何であろうと、しないというのは武士ではない。武士的行動をとらなかった俺が悪かった」

非を悟ると虚心坦懐な人間だけに、こうして新京に転任した。

「言い出したら聞かないお前が、よく来てくれたな」少将もそう言って、喜んで鉄男を迎えた。

ところが新京勤務五ヵ月、東宮は一九三七（昭和十二）年八月内地帰還を命じられ水戸歩兵第二連隊付となる。同じ様に佐々木少将も東京に転補されることになった。

東宮は満洲を去ることになったのだ。

思い出尽きぬ地だ。心魂を傾けて東奔西走した地だ。

東宮は後事を託すため、佳木斯に赴き、弥栄村、千振村を訪ね別辞を述べた。既に五年、弥栄の村にも、千振りの村にも千三百人の人が住んでいた。五年前のあの頃に一戸当たり一町余に過ぎなかった作付けが、今は何處も八倍になったという有様、牛も豚も緬羊《めんよう》も丸々と肥えていた。鶏も蜜蜂も立派な財産となっていた。村民の顔には希望と歓喜が溢れていた。

そうだ、あの大陸の花嫁が、頼もしい新日本の主婦となって、今はもう母となって、乳房を膨らませているではないか。

「先生、内地に帰らないでください！」

「先生！」

「先生がいなくては寂しい！」

「先生！」

誰も、彼も別れを惜しんで、その眼には涙が滲んでいた。

別れ難い移住村よ。

愛する北進寮の寮生にも別れ難い別れをした。

そして、松花江とも別れた。

富錦、佳木斯、依蘭、江岸の街は同じ、悠々たる水の流れも同じ。

さらに、その心血を注いだ大陸開拓移住に至っては、東宮が満洲に残した最大の功績であり、将に大陸開拓移住の父である。

大陸開拓移住が一九三六（昭和十一）年八月、百万戸五百万人という大量移民政策が樹立せられてから、第一期十万戸、第二期二十万戸というように、四期に分けて百万戸を送ることになって、十三年度の集団移民五千戸の入植から、さながら堤を切った洪水の如く五百万人目指して進んでいる壮大さを眺める時、あの三江省永豊鎮の一角に僅か五百人余りの武装移民を入れて、非難と困苦の中に今日を築いた東宮の功業を今にして讃えずにはいられない事だ。

東宮が精魂傾けた三江省内の移住民もその二十年計画完了の暁には百五十万人となるわけだ。これを満人と比較しても、二十年後三百万人という満人の増加予定数に対して二対一となる訳で、対ソ関係上人口増加の急速を必要とする地域に、優秀な日本民族をそのように擁するという事は実に雄大な存在と言わねばならない。

これはまた三江省のみではない、北満を中心として幾省かの中に次々と日本村が建設されているのである。青年義勇隊も然り、東宮が始めた饒河少年隊が今日青年義勇隊の組織を生んで、その数を明示できないとしても実に溌剌たる存在を示しているのである。その他鉄道、自警村、自警村訓練所、青年義勇隊訓練所等と、大陸に於ける我が開拓移住の組織は全く世界何處の移植民地にも見られぬ完璧なものだ。

東宮は、夥しい別離を終えて、また慌しく帰還。一九三七（昭和十二）年八月十六日飛行機で日本に着くと、そこには動員下令が待っていた。

水戸に在ること三ヵ月、補充部隊の動員準備に多忙な日を送る。

十月十四日動員下令。

東宮は**支那事変**に出征することになったのである。

北京（当時は北平）の南西郊外にある盧溝橋の地区の日本軍の駐屯は、義和団の乱の事後処理を定めた北京議定書に基づいていた。

一九三七（昭和十二）年七月七日、北京（北平）西南方向の盧溝橋で日本軍と中国国民革命軍第二十九軍とが衝突した**盧溝橋事件**が勃発する。この事件は、支那事変の直接の導火線となった。

「支那事変」という呼称は、当時の日本政府が定めた公称である。

事変は、七月の盧溝橋事件を発端として北支（北支那、現中国の華北地方）周辺へと拡大した。八月の第二次上海事変勃発以後は中支（中支那、現中国の華中地方）へも飛び火、次第に中国大陸全土へと飛散し、日本と中華民国の全面戦争の様相を呈して行った。

支那事変により特設第百十四師団が編成されることになり、歩兵第二連隊補充隊に予備役と後備役の在郷軍人を召集して歩兵第百二連隊が編成され、東宮は、同年十月歩兵第百二連隊大隊長に進み、十一月中佐に進級する。

第百十四師団は第十軍の隷下に入り、直ちに中国戦線に投入された。

告別　『北進のため南進す』　出征　千葉部隊東宮部隊長

それは鉄男の出征挨拶だった。

「じゃァ征ってくるよ。お土産に支那の大将の首を持って来るから待っていなさい」

「みんなおとなしく、お母さんのいう事を聞いて、大きくなるのだ」

愛児鉄太郎、久子、佳子、教え子らの頭を撫でて、征く前の父の言葉を送った。

だが、最後に、

「お父さんが戦死しても泣くのじゃないよ。分かったね」

と言い聞かせたのだった。

「天皇陛下の御為、東宮鉄男本日征途に上がります。何卒後をお頼いいたします」

繰夫人に対して、出発前の一時、鉄男は静かに後事を托したのだった。そして、小さな一包を渡して――

それは遺書と頭髪とであった。

「戦死の後、見て下さい」

「はい。目出度く往ってらっしゃい」

夫人も妻たる覚悟を持っていた。

　歓呼の見送り！

　旗、旗、旗の波！

　万歳、万歳の声！

　天を揺るがすどよめき！

　ああ、武人名誉の出征！

　関東健児を率いて、莞爾と東宮大隊長は出征に上がったのである。

第十軍司令官・柳川平助中将の「蒋介石政権を屈服させる」という命令の下に一九三七（昭和十二）年十一月十日、東宮は柳川兵団の一隊として上海の南南西約六十キロ、杭州湾北岸の金山衛に敵前上陸した。歩兵第百二連隊は、平湖県広陣鎮西北方李家橋付近に進撃、突如強力な敵と遭遇、一旦は敵を撃退したのであるが、付近一帯に堅固な陣地を有する敵は巧みにトーチカによって逆襲、かなり苦戦であった。その夜はそのまま敵前露営となり、明くる朝、東宮は千葉部隊隊長（千葉小太郎大佐）の命によって、小貫少尉以下二十二名の決死隊を以って敵前偵察に出発したのである。

部下の先頭に起って前進中、浙江省平湖県の草原でクリークから上がる際に左胸に被弾。部下に鉛筆とノートを出させ、

「うれしさや　秋晴れの野に　部下と共」

と、辞世の句を認めて絶命した。

陣中、中佐に昇進して僅かに十日、戦野に骨を埋るは武人の本懐とするところであるが、既に戦死を覚悟して来た中佐、辞世一首が残されて、江南の野に護国の人柱となったのだ。

その後、歩兵第百二連隊は嘉興、湖州、長興、宣興で戦闘を重ね、十二月一日南京攻略戦を開始し、南京城を占領した。

死後大佐へ特進する。

武人の誉れ、功四級金鵄勲章を賜った。

満蒙開拓が軌道に乗ることを見ることなく、四十六歳だった。

東宮鉄男大佐、彼の葬儀は盛大を極めた。その記帳者の中には、東條英機の名と共に、満州国総務庁次長を勤め、満洲国建国こそ我が生涯の傑作と回顧、豪語したという後のA級戦犯にして、内閣総理大臣になった岸信介の署名もあった。

ここで、東宮鉄男大佐の戦死前後の模様を、故大隊長の信頼厚かった部下の石崎武次郎上等兵の手記から見てみよう。

東宮部隊長の最期

石崎　武次郎

原隊出発以来、部隊長とは車中でも船中でも同乗していました。「お前は、射撃はうまいか？　撃剣はどうだ」と聞かれました。船は●●（二字不明）丸という船でした。船長さんが、「東宮部隊長は実に立派な隊長だ」と言って感激していました。部下もみんな●●●●●●（六字不明）の参謀部隊長だと言ってました。

愈々上陸の時部隊長は、「俺も敵陣に突入すれば力の続く限り、日頃鍛えた此の腕で敵をやり玉に挙げてみせるぞ」と言われた。十一月十日の午後杭州湾北岸金山衛西側に上陸しました。

上陸後三日間行軍して吉字宇に着き、そこで、「明朝李家橋の敵状を偵察せよ」との命令を受けました。その夜はそこで一泊いたしました。一回敵の襲撃を受けましたが、彼等は直ぐ撃退されました。

隊長殿には杭州湾上陸以来少しお腹を悪くされていたため、食事も思うように摂られませんでした。私共は隊長殿の事が気になって仕方がなく、その晩付近で鶏の鳴き声を聞いたので、その声を目当てに約五十メートルほど先の部落へ行って鶏を四羽買ってきました。そっと隊長殿の様子を覗って居たら、スヤスヤ眠って居られました。眠って居られるお顔が、何か固い決心をされている様子でした。

早速鶏を料理して、スープを作り隊長殿の水筒に入れておき、後でお粥を炊いてその残りで重湯を作っておきました。夜が明けましたので、朝食をお勧めしましたが、「朝食は要らない」と申されましたので、「スープにした残りの肉が少しありますが如何ですか？」と尋ねますと、「御馳走があるのだなァ、少し食べようか」と申されて少し食べられました。

そのうちに太陽も出た。隊長殿は遥かに東の方を拝まれました。

各中隊より三個小隊を集め、それに工兵が六名加わり、本部の前に集合しました。工兵が船を二艘見つけて来てました。それと一緒に支那の土民を一名連れて来ました。隊長殿はその土民に、この辺の地形や今から行くべき李家橋辺の地形、敵状を聴きました。土民は敵は全然居ないと言いました。その男は実に良く地形を知っているので、クリークを利用して船で行くように決められました。船が二艘なので決死隊を集めました。隊長殿初め自分等二十一名で行きました。

隊長殿は、

「我々決死隊は、最後の覚悟をせよ。遺言の有る者は、言っておくなり書いておけ。不用の物は戦友に預けるなり遺品としてくれて行け」と申されて土民を案内として出発しました。途中で又二名土民を発見しましたので、自分と他三人、四名で上陸し、それを隊長殿の許へ連れて来ました。すると、この辺の戦状を細かく尋ねましたが、この辺には敵は居ない、何も変わったことはないというので逃がしてやりました。

丁度正午だったので、「船の中で昼食は如何です」とお聞きしましたら、「昼食は要らぬ」と申されたので

「重湯は如何です」申し上げたら「よし」と言われて、それを半分位飲まれました。そして里程で半道、時間で三、四十分行ったと思った時には、最早敵陣地の真ん中に船を乗り入れてしまっていたのです。これはと思った瞬間に敵陣からは、小銃、軽機、重機の猛射を受けました。

隊長殿は早くも水の中に飛び込まれました。そして、、「船を敵岸につけよ、一歩も退くな」と言われました。続いて自分も飛び込もうとした時、重火機の近距離射撃の集中で、弾のため舵がぐらっと変わりました。隊長殿はぐんぐん進んで突進し上陸しましたので、我々も隊長殿の後に続きました。

高野一等兵がやられました。

小貫少尉殿が、「やられた……」と言われたまま船の中に倒れました。隊長殿はクリーク方を向いて、「何を、……俺に続け」と言われましたので、稲葉上等兵と協力して隊長殿の後に続きました。

そして稲葉は敵の重機を目標に五、六十発撃ちました。すると敵より今まで雨、霰と飛んで来た重機の弾はピタリと止んでしまいました。

それで今度は左の方の敵陣から弾が非常に来るので、その方向に銃口を向ける瞬間に稲葉はやられました。これはと思って、その軽機を自分で取って約二十発位撃ったころ、軽機に故障を生じましたので、このことを隊長殿に話そうと思って自分は排水路の中に身を入れて約五メートル位戻った時、「やられた」という隊長殿の声が聞こえました。成井伍長、工兵四名も共に声を聞きつけたか、「隊長殿が、隊長殿が」と言いながら駆け寄りました。午後二時でした。

六名で協力して少し前方の水田の畔の幾分へこんだと思える所に、無意識に収容しまして手当をしました。

集中重機弾は、四発、左の肩章を残して肩章下、左腕左肩を十二センチ程無念にも撃ち抜き左手は全部ブランと下がってしまいました。隊長殿の倒れて居られるところは水田でした。水田は真っ赤になりました。

何分出血が激しいのです。

そこで工兵四名を連絡の為本隊に戻しました。

隊長殿は、

「俺には構わんから、前方の敵に全力を尽くしてくれ」

「ここを死守せよ」

「ここを死守するぞ」と申されました。

味方は二人です。成井伍長と二人で隊長の側を離れなかった。

そのうちに隊長殿は、

「その辺に水車小屋があったはずだから、それに火をつけろ。そして後方と連結せよ」

と言われました。

然し自分としてはその水車小屋に火をつけたら敵の目標となって駄目でしょうと申し上げたら、

「何、構わんから早く火をつけろ」と言われました。
七、八メートル前方の小屋に這って行き、薬盒《やくごう》の油を取って塵紙につけ小屋の屋根に挟んで、伏せをして火のつくのを待ってました。火がついたので急いで隊長殿の所へ戻りました。そして今火をつけて参りましたと申しますと、「そうか」と言われました。そのうちに火は燃え上がってきました。
「これは暖かいな」と言われながら上着の胸を開けられました。その時自分達の居る前後に追撃砲弾が九発落ちて来ました。三発不発、六発炸裂しました。一発十メートル位前方へ落ちたその弾の破裂で、隊長殿及び自分達は体が見えなくなるほど全身泥まみれとなってしまいました。そこで石崎は胴巻きを抜いて、隊長殿の泥だらけの顔を拭いてあげました。遥か後方に友軍の声がしたので、自分は隊長殿に、「後方に友軍の声がします」と申しましたら、「ウム、そうか」「ウム、そうか」と二声程言われました。そこで成井伍長は自分等の位置を後方の友軍に知らせるために、手榴弾を三発投げました。それを目標に友軍の中尉は駈け寄って来ました。それは第十二中隊の山中中尉殿でありました。

山中中尉殿は、「隊長殿、隊長殿、東宮隊長殿」と幾度も声を掛けられたが、隊長殿は只、「ウムウム」かすかに言われるばかりなので、中隊長殿は悔しそうに歯を食いしばったかと思うと、「隊長殿、東宮部隊長殿の仇は必ずこの山中がとります」と泣きながら前進しました。その山中中尉も上陸して十メートル位も行ったかと思う頃、「やられた」という声がして、とうとう戦死です。

部隊長殿は絶えず、

「成井は居るか、石崎はどうした」と云って居られました。そして、「成井、お前は手帳を持っているか」と申されたので、「持って居ります」と言いますと、「鉛筆とお前の手帳を出せ」と申されましたので圖嚢から出してお渡ししますと、重傷の為左手は全然動きません。右手に鉛筆を持って、成井と石崎にそのノートを持たせ、仰向けに寝ているままで、

うれしさや
　秋晴れの野に
　　部下と共

と書いて下さいました。それが最後で、その後は全く言葉も濁って何も分からなくなってしまいました。時計を見ましたら三時十五分でした。自分達は泣くまいと思っても、泣けて、泣けて、仕方がありません

でした。その時、「連隊の命により東宮部隊長殿を収容に来たのだ。早く早く」と言われましたが、自分達はもう悲しくて、何も見えなくなりました。

収容に来たのは第十中隊でした。早速部隊長殿を担架の上にお載せました。元の吉字宇に帰ったのが夜の十一時頃でした。軍医の手当てを受けましたが、その甲斐もなく、遂に十四日午後十二時、護国の英霊となってしまわれました。兵達は皆泣きました。

その夜はそこで、御通夜をしました。

翌日茶毘に付して、それよりは隊長殿の御遺骨は石崎が白木の箱に納めて胸に下げ、毎日毎日戦闘をし、幾日かの後南京に入城しました。

入城が終わってから司令部に隊長殿の御遺骨を渡して、自分達は元の隊に戻りました。

第五章　その後

東宮が一九三七（昭和十二）年十一月に中支で戦死した後は、加藤完治の中心的指導により移民政策が遂行された。

加藤は日本国民高等学校の校長であったが、熱烈な天皇制的農本主義者であって、近代的な教育者というより塾風教育者として、教え子を非常に愛したが、集団訓練を大事にし、小銃を持っての歩哨巡察など兵農移民として軍隊的訓練方式を多く取り入れ推進した。

時流れて一九四五（昭和二十）年五月三十日、大本営は「満鮮方面対ソ作戦計画要綱」を発令し、満洲の四分の三の放棄を決める。五月時点の開拓団は十六万七千九十一人、義勇軍五万八千四百九十四人の 計二十二万五千五百八十五人（『満洲開拓史』）とされている。

七月十日、南方戦線に兵力を抽出して弱体化した関東軍は、かくして「**在満在郷軍人根こそぎ動員**」を行う。満洲開拓移民は召集免除であったが、十八才以上四十五才以下の男子が根こそぎ動員により召集され、開拓団の家には老人、女性、子供が残された。昭和十九年も終わりに近い頃には、満蒙開拓青少年義勇開拓団からも召集した。

八月八日　ソ連が対日参戦を通告し、八月九日にソ連軍が午前零時を期し満洲の各方面から一斉に侵攻、新京、哈爾浜など爆撃する。

八月十日、大本営は「朝鮮は保衛、満洲は全土放棄も可」と命令した。

「根こそぎ動員」で残された老幼婦女子の一般開拓団はもちろんのこと、義勇開拓団も大半は後方に引き下がった関東軍より前方に在ったので、怒涛の如く押し寄せるソ連軍に蹂躙され、死の逃避行が始まった。現地人の暴行虐殺にも晒され、言葉も尽くせぬ阿鼻叫喚があったのである。

青少年義勇軍を含む満洲開拓移民の総数は二十七万人とも、三十二万人ともいわれる。ソ連の参戦で殆んどが国境地帯に取り残され、日本に帰国出来たのは十一万人余りだった。

各地の開拓移民団は引き揚げの途中で多くの死者、行方不明者、収容所での感染症による病死者を出した。また、国境を越えてきたソ連兵に捕らえられシベリアへ送られた男子入植者は、シベリア抑留者となり帰国は更に困難を極めた。

更に、敗戦後の日本の混乱により、開拓移民団を中心とした大陸から帰国した「**引揚者**」は帰国後の居住のあてもなく、戦後も苦難の生活を余儀なくされた。

政府は、彼らに移住用の土地を日本の各地に割り当てることにしたが、非耕作地が多く、開墾の必要な土地であり、いずれの土地も荒れ、耕作には適さず、多くの人々は過酷な状況に曝された。敗戦によって日本全体が困窮しており、政府も満足な支援をすることが出来なかった。このような移住用集落は戦後、全国各地の農村で「**引揚者村**」と呼ばれた。成田市三里塚地区に移住用の土地を割り当てられた引揚者たちは、のちに成田国際空港建設に当たり三里塚闘争を引き起こすことにもなったのである。

ここで当時を改めてみることにしよう。

ソ連の対日参戦に対する日本側の経過をみてみるに、

関東軍は居留民と密接な関連があり、居留民の措置については作戦立案上検討していた。開戦の危険性が高まり、関東軍では居留民を内地へ移動させることを検討していたが、輸送のための船舶を用意することは事実上不可能であり、朝鮮半島に移動させるとしても、いずれ米ソ両軍の上陸によって戦場となるであろう朝鮮半島に送っても仕方がないと考えられ、また輸送に必要な食料も目途が立たなかった。

それでも、関東軍総司令部兵站班長・山口敏寿中佐は、老幼婦女や開拓団を国境沿いの放棄地区から抵抗地区後方に引き上げさせることを総司令部第一課（作戦）に提議したが、第一課は居留民の引き上げにより関東軍の後退戦術がソ連側に暴露される可能性があり、引いてはソ連進攻の誘い水になる恐れがあるとして、「対ソ静謐《せいひつ》保持」を理由に却下している。

状況悪化に伴い、満洲開拓総局は開拓団に対する非常措置を地方に連絡していたが、多くの居留民、開拓団は悪化していく状況を深刻に捉えていなかった。

加えて事態が深刻化してからも東京の中央省庁から在満居留民に対して後退についての考えが示されることさえなかった。

また、満洲開拓総局長斉藤彌平太中将は開拓団を後退させないと決めていた。

即ち、関東軍の任務として在外邦人保護は重要な任務であったが、「対ソ静謐保持」を理由に国境付近の開拓団を避難させることもなかったのである。

ソ連侵攻時、引き揚げ命令が出ても、一部の開拓総局と開拓団が軍隊の後退守勢を理解せず、待避を良しとしなかった。この判断については、当時の多くの開拓団と開拓総局の人々の、無敵と謳われた関東軍に対する過度の信頼と情報の不足が大きな要因であると考えられる。

そもそも日ソ中立条約が結ばれたのは一九四一（昭和十六）年で、有効期限は五年つまり一九四六（昭和二十一）年まで有効の筈であった。

一九四五（昭和二十）年四月五日に、ソ連は翌年四月に満期になる「日ソ中立条約」の期限を延期しないことを日本に通告して来た。

六月二十二日、日本政府はソ連大使を通じて終戦のための仲介をソ連に依頼した。然し、ソ連からなかなか返事が来ないので七月十日に特使として近衛文麿をモスクワに派遣することとし連絡をした。しかし、ソ連は七月十八日に近衛の訪問を拒否して来た。その約一週間後の七月二十六日に**ポツダム宣言**が発表された。

ソ連のヨシフ・ヴィッサリオノヴィチ・**スターリン**は、既に一九四五（昭和二十）年二月ソ連領クリミア半島のヤルタでアメリカのフランクリン・ルーズベルト、イギリスのウインストン・チャーチルと会談し、密約を交わし対日参戦を決めていた。

その**ヤルタ会談**では、ルーズベルトは何んとスターリンに、ドイツ降伏の三ヵ月後に日ソ中立条約を侵犯して対日参戦するよう要請したのである。その見返りとして、日本の領土である千島列島、南樺太、そして満洲に日本が有する諸々の権益をソ連に与えるという密約を交わしていたのである。

ソ連は広島に原爆が投下されたことを知ると、一九四五（昭和二十）年八月八日モスクワ時間午後五時（日本時間：午後十一時）、ソ連外務大臣ヴャチェスラフ・モロトフを通じて日本の佐藤尚武駐ソ連大使に宣戦布告を知らせた。事態を知った佐藤は東京の政府へ連絡しようとしたが、領事館の電話は回線が切られており奇襲を伝える手段は残されていなかった。

ソ連対日宣戦布告に際し、参戦の旨とその理由として、

（一）日本政府が七月二十六日の米英中による三国宣言（ポツダム宣言）を拒否したことで、日本が提案していた和平調停の基礎は完全に失われたこと。

（二）日本の宣言無視を受けて、連合国は、ソ連に、日本の侵略に対する連合国の戦争に参戦して世界平和の回復に貢献することを提案したこと。

（三）ソ連政府は連合国に対する義務に従って右提案を受諾し、七月二十六日の三国宣言にソ連も参加することを決め、各国人民をこれ以上の犠牲と苦難から救い、日本人を無条件降伏後の危険と破壊から救うためにソ連は対日参戦に踏み切ること。

（四）以上の理由からソ連政府は八月九日から日本と戦争状態に入るべきこと。

の四点が述べられていた。

この様に連合国が発表したポツダム宣言を黙殺した日本に対し、世界平和を早急に回復するために武力攻撃を行うことが宣言されたのである。

次に、ソ連の宣戦布告に対する日本側の措置である。

本来対ソ宣戦を決定すべき最高戦争指導会議がポツダム宣言受諾問題で紛糾していたため、対ソ宣戦問題を討議する余裕が無く、結局日本側からの対ソ宣戦は行われなかった。よって、日本側の対ソ戦闘は、国家としての意思決定された戦闘ではなく、ソ連軍の攻撃に直面する現場での防衛行動という色合いが強い。

九日午前零時を以て、ソ連の極東ソビエト連邦軍と日本の関東軍とは満洲・北朝鮮に於いて、ソ連の極東ソビエト連邦軍と日本の第五方面軍とは南樺太・千島列島に於いて一連の作戦、戦闘を開始した。

関東軍は、ソ連軍との戦闘が始まると直ちに大本営に報告し、命令を待った。命令が下されたのは翌十日で、九時四十分に総参謀長統裁の下に官民軍の関係者を集め、具体的な居留民待避の検討を開始した。十八時に民・官・軍の順序で新京駅から列車を出すことを決定し、正午に官民の実行を要求した。しかし官民両方ともに十四時になっても避難準備が行われることはなく、軍は一時間の無駄もできない状況を鑑みて、結局民・官・軍を順序とする避難の構想を破棄し、兎に角集まった順番で列車編成を組まざるを得なかった。

第一列車が新京を出発したのは予定より大きく遅れた十一日一時四十分であり、その後総司令部は二時間毎の運行を予定し、鉄道司令部に対して食料補給などの避難措置に必要な対策を指示した。

当時満洲国の首都新京だけでも約十四万人の日本人市民が居留していたが、八月十一日未明から正午までに十八本の列車が新京を後にして三万八千人が脱出した。

三万八千人の内訳は、

軍人関係家族　二万三百十人
大使館関係家族　七百五十人
満鉄関係家族　一万六千七百人
民間人家族　二百四十人

この時、列車での軍人家族脱出組の指揮を取ったのは関東軍総参謀長秦彦三郎の夫人であり、また、この一行の中にいた関東軍総司令官山田乙三の夫人と供の者は更に平壌からは飛行機を使い八月十八日には無事日本に帰り着いている。

当時新京在住で夫が官僚だった藤原てい（作家。夫は作家の新田次郎）は著書『流れる星は生きている』の中で、「避難の連絡は軍人と官僚のみに出され、藤原てい自身も避難連絡を近所の民間人には告げず、自分達官僚家族の仲間だけで駅に集結し汽車で脱出した」と記述している。また、辺境に近い北部の牡丹江に居留していたなかにし礼（小説家・作詞家）は、「避難しようとする民間人が牡丹江駅に殺到する中、軍人とその家族は、民間人の裏を掻いて駅から数キロはなれた地点から特別列車を編成し脱出した」と証言している。

現場では混乱が続き、故障・渋滞・遅滞・事故が続発したために避難措置は非常に困難を極めた。結果として最初に避難したのは、軍家族、満鉄関係者などであり、暗黙として国境付近の居留民は置き去りにされた。

これ等に加えて辺境に於ける居留民については第一線の部隊が保護に努めていたが、ソ連軍との戦闘が激しかったために救出の余力がなく、殆どの辺境の居留民は後退出来なかった。特に国境付近の居留民の多くは、「根こそぎ動員」によって戦闘力を失っており、死に物狂いでの逃避行の中で戦ったが、侵攻してきたソ連軍や暴徒と化した満洲民、匪賊などによる暴行・略奪・虐殺が相次ぎ、ソ連軍の包囲を受けて集団自決した事例や、各地に僅かに生き残っていた国境警察隊員・鉄路警護隊員の玉砕が多く発生した。

また第一線から逃れることが出来た居留民も飢餓、疾患、疲労で多くの人々が途上で生き別れ、脱落することとなり、収容所に送られ、孤児や満洲人の妻となる人々も出た。

終章

満鉄を中心とする満蒙開発は、新天地の驚異的発展をもたらしたが、尚、多くの障碍《しょうがい》があった。新興満洲国はそれらの矛盾を止揚し、自ら欲するままに開発建設することが出来た。民族協和、王道楽土の理想が輝き、科学的にも、良心的にも、果敢な実証が行われた。それはまさしくユニークな近代的国造りであった。

直接これに参加した人々が大きな希望の元に、至純な情熱を傾注しただけでなく、日満両国民は強くこれを支持し、インドの聖雄ガンジーも遥かに声援を送った。当時、満洲国は東亜のホープであった。

不幸なことに、大東亜戦争が難局に陥ると共に、満洲国は治政の上に重圧を受けたが、終戦まで泰然として挙国一致、国内建設と対日協力に邁進していた。

満洲移民事業は、一九三二(昭和七)年から一九四五(昭和二十)年にかけて生起した歴史的事象である。一九三六(昭和十一)年、関東軍、拓務省により移民農業経営の規範となるべきいわゆる**四大営農方針**(共同経営・自作農・自給自足・農牧混同主義)が策定された。

これにより「一戸当たり割り当て耕地は、水田一町歩、畑九町歩の計十町歩を、畑作を主とし、これに一部水田作を取り入れると共に、家畜飼養を加えた混同農業の経営をなし、収入増加を図るため放牧、林草地利用の牧畜及び適当なる副業を営むほか、可及的共同経営(耕作及び牧畜の共同、共同産業施設利用、部落林経営、共同販売、共同購入、その他共同的農産加工等)の利用を採り入れ、自家労力を主とし自給自足を原則とする自作農経営を為すことを標準とする」とされた。

すなわち経営及び生活の安定化の為に生産手段や生活手段の自給を目指して、共同経営及び水田・畑作・家畜を加味した多角的経営をなし、自給自足的生活を営むことが要請されのである。

満鉄付属地以外の「満洲国」の広い地域に展開した最大の日本人集団は、農業移民団、開拓団であったが、彼らも決して日本人だけの自給自足的社会を作り得たわけではなかった。もっとも、そうした実情は当時からあまり語られることはなかったと思われる。

満洲移民は、通常の様な個人単位の自由移民ではなかった。それは、移民とは名ばかりの国策に基づいた植民であり、平均百戸程度から成る一つの開拓団が組織された集団入植であった。

この移民事業が行われたのは、端的に言えば、日本の満洲支配と対ソ戦略に基づいており、関東軍主導によって強権的に遂行されたとみてよい。

その理由は、そもそも、この移民事業が日本国内の内的需要から生じたのでなく、所謂五族が住む満洲に於ける日本人の人口比率を高め、そこに日本的秩序を打ち建て、満洲国に於ける軍事、産業、文化のあらゆる方面に於いて日本的な国家を建設するために行われた国家事業であった。

そして、これは当初、軍人の、軍人的見識による基礎基盤が基にあることを見れば当然であったのかもしれない。そのために大東亜戦争での日本の敗戦、その直後の満洲国の崩壊に伴って、満洲移民たちは一度に日本、満洲双方の支えを失ったのである。これが満洲移民に特別な性質をもたらしたのである。

この様に満洲移民が日本社会に於いて語られる時、その被害者側面が強調される傾向がある。しかしながら、満洲移民の加害者的側面に関しては、次の三つの視点から検討されている。

第一に、満洲移民事業の政策立案という観点からである。

満洲移民事業は始終関東軍の主導の下に進められ、「対ソ防衛」「治安維持」「日本的秩序の確立」という軍事的・政治的役割が課せられていた。

第二に、満洲移民の送出という観点である。

満洲移民の多くは小作貧農ないし農村雑業者であり、満洲移民はこれらの貧農層を満洲に送出する事であり、日本農村の地主と小作間の階級的対立を緩和しようとするものだった。この事は、根本的に日本帝国主義の排外主義を端的に示すものとされる。

第三に、日本人移民と在満中国人、朝鮮人との民族的・階級的対立という観点である。

ここでは、移民用地の確保と満洲移民の営農形態という二つの問題が取り上げられる。

移民用地の確保は、国策会社である満洲拓殖公社と満洲国政府が、一九四一（昭和十六）年までに二千二万六千ヘクタールという広大な土地を強権的に取得したものであった。

また、満洲移民の営農形態は、彼らが一戸当十町歩の割当面積を自家労働力のみで耕作することは不可能であったため、他民族の雇傭労働に依存する「富農化」か、所有面積の一部を他民族や他の団員に小作に出すことの「地主化」を余儀なくされたのである。（満洲移民史研究会　一九七六年）

第一次移民の弥栄村と第二次の千振村の状況について、一九三六～三七（昭和十一、二）年の共同経営時代の頃は殆んど全部が自作地であったものが、その後自営面積は急速に縮小され、割当地の半分以上が「貸付小作地」となり、「地主化」されて行った。

弥栄村では、一九三六（昭和十一）年十月十五日に独立宣言式を行い、翌年二月までを残務整理期間として、共同の経営を解いて独立の経営に移行することを宣言した。その際の「独立宣言実施要領」の冒頭には、「満洲ニ於ケル日本農業移民ノ使命ハ満洲ニ移住シテ独立シタ家庭生活ヲ樹テ、皇室御統治ノ下ニ日本帝国ヲ延長スルニ在ル」と記されていた。
この個人経営への移行と小作地の増加を重ね合わせてみると、開拓地の地主経営化の方向が見えてくる。この様に、共同経営から個人経営へ一日でも早く移行するということは、移民団の強い希望であった。
こうなってくると、開拓村は日本で宣伝され、一般にイメージされていたような日本人の家族労働力による自作経営ではなく、中国人労働者を不可欠のものとして組み込んだものと考えなくてはならない。

以上の様に、満洲農民移民研究は主に土地所有関係に焦点を当てて研究されてきた。そのため移民農家の地主化という結末だけが結論付けられてきた感がある。

一九三九（昭和十四）年に移民団を開拓団と改称し、移民を「拓士」と呼ぶ案が決定されているが、荒地を開くというイメージをもつ「開拓」の語の強調は、どのような現実と照応していたのであろうか。崇高な四大営農方針は大略的に反故にされ、軍事的に活用されたに過ぎなかったと見るべきでなかろうか。

「『満州国』に於けるいかなる理念も使命感も、それが現地の日本人の日常生活の中に、何らかの具体的行動を指示していなければその存在を主張することはできない。『五族協和』や『王道主義』は、どのような行動を求め、どのような行動を排除するものだったのであろうか。いずれにせよ、『満洲国』研究の基礎は、『満洲国』における日本人の生活を具体的に明らかにすることに置かれなくてはならないであろう」（古屋哲夫著『（満州国）の日本人』）としているのは再考に値する。

あとがき

先に張作霖爆殺事件の検索をしている折、実行者の一人奉天独立守備隊歩兵第二大隊中隊長東宮鉄男が後に満蒙開拓移民に貢献していることを知った。

東宮の目論んだ満蒙開拓移民の目的は、国境付近に開拓団という独立した（日本統治時代の）朝鮮人を主体とする共同体を定住させることで、非常時は防衛拠点・兵站として活用できる事、国境付近の匪賊（馬賊）が周辺の一般民衆と結びつくことを抑制できる事という二つの点をメリットとして移民を推進するというものであった。軍人が手掛けた故に、武装移民という形を取ったのも、また、軍事上の観点から必然的なものであったろう。

他方、加藤完治らの農本主義の実践のための満洲移民という目的とは少しずれがあったが、加藤の日本人主体の移民案を受け入れ、一九三二（昭和七）年十月、在郷軍人会所属の独身男性からなる第一次武装移民団を結成する。

第一次武装移民団は、病気や精神疾患により大量に脱落し、また移民生活への不満から規律が大きく乱れ、移民団幹部排斥運動なども発生し、地元民からは、「匪賊よりも恐ろしい日本人移民」といわれるなど、多くの問題を抱えたため、以後、独身移民ではなく、家族移民の推進へと方針を転換した。そして、数次の移民団の移住により、次第に安定化した。

東宮鉄男の満蒙開拓移民についてを検索している時、幾度涙で眩み筆を置いた事かしれない。時代の教育とはいえ、日本人の心を感涙に貶《おとし》める真情に平伏する想いであった。彼の様な温情溢れる軍人に恵まれた人達は、労苦も厭わずに従ったであろうし、お国のためという至福に向かって突き進んだことであろうことは疑いのないところである。今の我が国の平穏が彼らの様な魂に支えられていることを決して忘れてはならない。言葉では尽きない熱意に対し敬意と感謝を捧げたのであった。

しかし、惜しむらくは、その努力が身内、同胞の利益しか眼中になく、現地の中国人が同じ人間であることを忘れた視野狭窄の陥穽《かんせい》に陥っていることを自覚できなかったところに、自他ともに悲劇の淵に落とし込んだ要因があったかに思える。

満洲移民と一口に言っても、彼らは日本帝国の矛盾を、満洲国の矛盾を一身に引き受けざるを得ない運命に遭い、戦前の日本社会の価値と満洲国の価値の虚偽性を極度に凝縮された形で突きつけられたのである。そして、それは程度の差こそあれ、全ての日本人が戦後突きつけられたものでもあった。

彼らは、敗戦後の民族関係が逆転した満洲での難民体験、そして引き揚げ体験、また命からがら引き揚げてきた母国で押された満洲引揚者という烙印によって、日本社会の価値観の激変を痛感せざるを得なかったのである。

川村湊（『大東亜民俗学の虚実』一九九六）が主張しているように、「中国人、朝鮮人にとっての日本認識は非植民地体験に原点を持っている」ように「日本人の満洲体験、朝鮮体験が戦後の中国、朝鮮認識の基礎となっている」のであれば、尚更、日本社会にある「自らの植民地主義を現在の問題として捉え討究し続ける一環として、満洲移民の『生きられた世界』を問い直すこと」が必要なのではなかろうか。

戦後、世界情勢は一変し、中国には新しい国家が出来、満洲は今や日本と隔離してしまったかに見える。だが、歴史が因果の連続であり、かの世界的注目を集めた満洲開発の意義と成果は忘却する事は出来ない。その開発を主導してきた日本民族は、功罪ともに良く咀嚼して、此れを善隣友好、経済提携の将来に生かさなければならないと切に思う。

著者は、本稿を上程するに際し、東宮鉄男の墓参を試みた。

連日の日本一、二の最高気温を記録している群馬の空気を肌で感じる二〇一五（平成二十七）年八月三日、群馬県前橋市苗《なえ》ケ《が》島町《しままち》にある真言宗豊山派金剛寺を訪れた。

折よく境内の掃除をされていられる方に来寺の趣を告げたところ、いぶかしそうに「大佐の墓ですね」と案内を受けた。

墓所は、寺の右側から木立が茂り前日の雨でぬかるんだ狭い路地の奥に入った所にあった。盆前の為であろうか雑草が蔽い繁り、手入れのしてない気の毒な状態であった。雑草取りを試みるも、やぶ蚊が多く手につかず、その上形容し難き暑さで、後ろ髪が引かれる思いで後にした。

生家、ご遺族の方々への訪問も考慮に入れての墓参であったが、二〇〇六（平成十八）年三月三日赤城南麓交流村での「よもやま話『東宮鉄男』」で志田洋遠住職が語るところによる、東宮家当主・東宮惇允氏の「今迄も、今後も、東宮鉄男に関しての論評は、これだけ多くの被害者を出している以上控えざるを得ず」との認識、為に、所有している移民事業関連資料の秘匿に努めて来られた事、これには一九九六（平成八）

（資料15）金剛寺（著者撮影）

（資料16）東宮鉄男の墓（著者撮影）

年に亡くなられた未亡人操氏も同意してあったとの事等であり控えさせていただいた。

これらを噛みしめるに際し、国策とはいえ「負の遺産」を背負う末裔の真情、如何ばかりであろうかと心中察するに余りある。我々は、歴史の評価を語る時、同じ国民として共通の認識を背負うべきではなかろうか。

付記

一　関東軍

大日本帝国陸軍の総軍（主に陸軍に於て一つの戦域を統括する最大規模・最上級の編制単位）の一つで、一九四二（昭和十七）年十月一日以前は軍の一つである。

関東州及び満洲に駐留した旧日本陸軍の部隊で、一九一九（大正八）年、それまで置かれていた守備隊を改編し、独立させたものである。

大東亜戦争敗戦に至るまで、大陸侵略、満洲国支配の中核をなした。

―歴史―

日露戦争後にロシア帝国から獲得した租借地、関東州と南満洲鉄道（満鉄）の付属地の守備をしていた関東都督府陸軍部が前身である。一九一九（大正八）年に関東都督府が関東庁に改組されると同時に、台湾軍・朝鮮軍・支那駐屯軍などと同じ軍たる関東軍として独立した。

当初の編制は独立守備隊六個大隊を隷属し、また日本内地から二年交代で派遣される駐劄一個師団のみである小規模な軍であった。

一九二八（昭和三）年には、北伐による余波が満洲に及ぶことを恐れた関東軍高級参謀・河本大作陸軍歩兵大佐らが張作霖爆殺事件を起こす。そののち張作霖の跡を継いだ息子張学良は、国民政府への帰属を表明し（易幟）、工作は裏目となった。そのため一九三一（昭和六）年、石原莞爾作戦課長らは柳条湖事件を起こして張学良の勢力を満洲から駆逐し、翌一九三二（昭和七）年、満洲国を建国する。

当初、犬養毅首相は満洲国承認を渋るが海軍青年士官らによる五・一五事件の凶弾に倒れ、次の斎藤實内閣は日満議定書を締結し満洲国を承認する。その後、関東軍司令官は駐満大使を兼任すると共に、関東軍は満洲国軍と共に満洲国防衛の任に当たり、一連の満蒙国境紛争に当たっては多大の犠牲を払いながら、満洲国の主張する国境線を守備する。

—行政・統治機関—

建国過程を主導した関東軍は、軍事のみでなく、行政・統治機関に於いてもそのポストを日本人の独占下に置き、人選そのものにも関与して人事を通じて満洲国の国政全般に介入する道を確保した。

統治機構の中枢部としては、国政全体を実質的に支配しようとする「**総務庁中心主義**」を実現した。総務庁の基本的な権限は、国政の責任が国務総理に集中されていることに対応して、国務院に提出される書類を集約・点検するという点にみられた。つまり総務庁は国務院会議にかけられる議案をチェックできるというわけであった。これによって関東軍は、人事によってのみでなく、政策決定に対する「**内面指導**」と呼ばれた直接的な発言権をも確保することになった

人事介入権、内面指導権についての要求は、その後も関東軍に一貫したものとなっていたし、軍中央部も原則的にその要求を支持していた。

—関東軍が関係した戦闘・事件—

張作霖爆殺事件————一九二八年（昭和三）年：要人暗殺事件

満洲事変————一九三一年（昭和六）年：満鉄付属地外出兵

ノモンハン事件――――一九三九年（昭和十四）年：満蒙国境紛争
大東亜戦争末期のソ連軍侵攻―一九四五年（昭和二〇）年：日ソ中立条約違反のソ連軍侵攻に対する防衛戦闘

二　リットン調査団

一九三一（昭和六）年九月十八日、いわゆる「満洲事変」が勃発した。

支那政府は三日後の二十一日、国際連盟規約第一一条に基づき、紛争の拡大防止を連盟に提訴した。それを受けて国際連盟理事会が開かれたのは同年九月三十日であった。

国際連盟理事会に於いて「対支調査委員を派遣すること」の方針が決定された。

五名の委員からなる調査団の委員の人選は連盟理事会議長によってなされた。

委員の五名は、

ヴィクター・ブルワー＝リットン（イギリス）五十六歳：枢密顧問官・元英領インド帝国代理総督（植民地行政経験）

アンリ・クローデル陸軍中将（フランス）六十二歳：フランス植民地軍総監

ルイージ・アルドロバンディ・マレスコッティ（イタリア）五十六歳：元駐独大使

ハインリッヒ・シュネー博士（ドイツ）六十一歳：国会議員・元独領東アフリカ総督（拓殖問題権威）

フランク・ロス・マッコイ陸軍少将（アメリカ）五十九歳：陸軍軍人
委員の互選により、イギリスのリットン伯爵が委員長となり、以後、**リットン調査団**と通称された。
また右記の他に、紛争当事国からのオブザーバーとして、
吉田伊三郎（日本）：前トルコ大使
顧維鈞（中華民国）：外相・前首相代理
も参与員として参加した。

国際連盟事務総長は、国際連盟事務局部長ロベール・アース（仏）に調査委員会の事務総長を委嘱した。委員会はその事業に関し、以下の人達から専門的な助言を受けるようにと、アメリカ人のG・H・ブレイクスリー（米クラーク大学の歴史と国際関係論の教授・法学博士）、C・ウォルター・ヤング（文学博士・ニューヨークの「世界時事問題協会」極東代表者）、デネリー（フランスの大学教授）、ベン・ドルフマン（文学士及び文学修士）などを参加させた。

また、事務総長は、書記局員として、フォン・コッツェ（独・国際事務局に関する事務担当の事務次長補佐員）、アドリアヌス・ペルト（蘭・情報部員）、シャレール（伊・情報部員）、パスチューホフ（元はロシア人でチェコ国籍・政治部員）、W・W・アスター（臨時事務局員、委員長の秘書役）、ジュヴレー少佐（フランス軍医・クローデル将軍の随員）、ビッドル中尉（マッコイ将軍の随員）、ドペイール（在横浜フランス副領事・日本語通訳者）などを配慮した。連盟事務局からはハース交通部長が派遣された。

各国の随員は一国につき最高十三名までとし、タイプライターを打つためのタイピストを八名とした。

この結果、総計では五十三名ほどで調査団を構成した。

調査団の費用予算の九万六五〇〇ドルは、日本及び中華民国が折半するとされ、委員長は手当月五一四・七三ドル、委員は三八六ドルで、個人的に随行する秘書は自弁となった。

満洲事変勃発の翌一九三二（昭和七）年二月三日にフランスのル・アーヴルを出航した調査団一行が東京に到着したのは二月二十九日であった。次いで中華民国を経て、満洲を訪れた。

満洲における調査団の行程は、

四月十九日　北平発（陸海両路に分かれる）
　二十一日　奉天着合流
五月　二日　新京（長春）
　　九日　哈爾浜
　十四日　随員の一部の隊・斉斉哈爾へ
　十七日　本隊・黒河（瑷琿）へ
二十一、二日　両隊が哈爾浜に帰任・合流、新京を経て奉天へ
　二十六日　大連
　三十日　奉天（鞍山経由）
六月　三日　奉天発
　　五日　北平着

満洲滞在は四十四日間であった。

九月四日、英・仏・独・伊・米五人の委員は、報告書に署名、全員一致の報告書となった。リットン報告書の正式な書名は、「国際連盟日支紛争調査委員会報告書」である。

報告書が日中両国に手交されたのは九月三十日午後七時である。

十月二日（日曜日）、リットン報告書は全世界に向け公表された。

参考・引用文献

近代日中関係史年表編集委員会編：『近代日中関係史年表　一七九九―一九四九』岩波書店　二〇〇六年
梁瀬春雄：『東宮大佐傳』新紘社　一九四二年
永雄策郎：『満州問題　太平洋外交の原理原則と満州事変の意義及其の帰結』日本評論社　一九三二年
澁谷由里：『馬賊で見る「満洲」張作霖のあゆんだ道』講談社　二〇〇四年
渡辺龍策：『馬賊「日中戦争史の側面」』中公新書　復刊　中央公論新社刊　二〇〇六年
小峰和夫：『満洲―起源・植民・覇権―』御茶の水書房　一九九一年
戸部良一：『日本陸軍と中国「支那通」にみる夢と蹉跌』講談社選書メチエ一七三　一九九九年
佐々木到一：『ある軍人の自伝』普通社　一九六三年
森島守人：『陰謀・暗殺・軍刀―一外交官の回想―』岩波新書　一九五〇年
塚瀬進：『満洲の日本人』吉川弘文社　二〇〇四年
塚瀬進：『満洲国―「民族協和」の実像』吉川弘文館　一九九八年
ねず・まさし：『現代史の断面・満州帝国の成立』校倉書房　一九九〇年
宮脇順子：『世界史のなかの満洲帝国と日本』ＰＨＰ新書　二〇一〇年
古屋哲夫：『満洲国」の創出「満洲国」の研究』緑陰書房一九九五年
早瀬利之：『石原莞爾　満州合衆国』光人社　二〇〇三年
歴史読本：『石原莞爾と満洲帝国』新人物往来社　二〇〇九年

参考・引用文献

別冊宝島：『石原莞爾　満洲国を作った男』宝島社　二〇〇七年
阿部博行：『石原莞爾―生涯とその時代―上巻』法政大学出版局　二〇〇五年
田中秀雄：『石原莞爾と小澤開作　民族協和を求めて』芙蓉書房出版　二〇〇八年
小林英夫：『「日本株式会社」を創った男　宮崎正義の生涯』小学館　一九九六年
小林英夫：『満鉄「知の集団」の誕生と死』吉川弘文館　一九九六年
小林英夫：『満鉄調査部の軌跡　一九〇七―一九四五』藤原書店　二〇〇六年
小林英夫：『満鉄調査部「元祖シンクタンク」の誕生と崩壊』平凡社新書　二〇〇五年
小林英夫・福井紳一：『満鉄調査部事件の真相 新発見史料が語る「知の集団」の見果てぬ夢』小学館　二〇〇四年
草柳大蔵：『実録 満鉄調査部』(上下) 朝日文庫　一九八三年
原覚天：『満鉄調査部とアジア』世界書院　一九八六年
杉田望：『満鉄中央試験所』徳間文庫　一九九五年
井村哲郎編『満鉄調査部―関係者の証言』アジア経済研究所　一九九六年
原田勝正：『満鉄』岩波新書　一九八一年
加藤聖文：『満鉄全史―「国策会社」の全貌』講談社選書メチエ　二〇〇六年
黒瀬郁二：『東洋拓殖会社　日本帝国主義とアジア太平洋』日本経済評論社　二〇〇三年
山本有造編：『「満洲国」の研究』緑蔭書房　一九九五年
山室信一：『キメラ―満洲国の肖像』中公新書　一九九三年
黄文雄：『台湾・朝鮮・満州　「日本の植民地の真実」』扶桑社　二〇〇三年
黄文雄：『満州国は日本の植民地ではなかった』ワックBUNKO　二〇〇五年

川田稔：『満州事変と政党政治』講談社〈講談社選書メチエ〉二〇一〇年
中見立夫他　藤原書店編集部編：『満洲とは何だったのか』藤原書店　二〇〇四年
蘭信三：『「満州移民」の歴史社会学』行路社 一九九四年
藤田繁：『草の碑 満蒙開拓団棄てられた民の記録』能登印刷出版部　一九八九年
大洞東平：『銃を持たされた農民たち「千振開拓団、満州そして那須の六二年」』築地書館　一九九五年
二松啓紀：『裂かれた大地　京都満州開拓民　記録なき歴史』京都新聞社　二〇〇五年
白取道博：『満蒙開拓青少年義勇軍史研究』北海道大学出版会　二〇〇八年
森本繁：『ああ満蒙開拓青少年義勇軍』家の光協会　一九七三年
桑島節郎：『満州武装移民』教育社歴史新書　日本史一二九　一九八五年
川村湊：『大東亜民俗学の虚実』講談社選書メチエ 一九九六年
島木健作：『満州紀行』創元社　一九四〇年
山浦貫一編：『森恪』原書房　一九四〇年
秦郁彦編：『日本陸海軍総合事典』第二版　東京大学出版会　二〇〇五年
田中明編：『近代日中関係史再考』日本経済評論社　二〇〇二年
加藤一夫ほか：『日本の植民地図書館　アジアにおける日本近代図書館史』社会評論社　二〇〇五年
蓑口一哲：『開拓団の満州―語り継ぐ民衆史〈三〉』新生出版　二〇〇五年
江夏由樹：『近代東北アジア地域の経済統合と日本の国策会社―東亜勧業株式会社の事例から―』東北アジア研究第八号　二〇〇四年
玉野井麻利子編・山本武利監訳：『満洲―交錯する歴史』藤原書店　二〇〇八年
坂部晶子：『「満洲」経験の社会学　植民地の記憶のかたち』世界思想社 二〇〇八年

参考・引用文献

読売新聞社編：『昭和史の天皇 六』読売新聞社　一九六九年

古屋哲夫：『(満州国) の日本人』日本通史第一九巻　岩波書店　一九九五年

太平洋戦争研究会編：『満州国の最後』新人物往来社　二〇〇三年

藤原てい：『流れる星は生きている』中央公論新社　二〇〇二年

牧　久：『満蒙開拓、夢はるかなり（上）』ウェッジ　二〇一五年

日本国民高等学校協会編：『写真で見る六〇年の歩み』加藤完治先生顕彰会　一九八七年

日米通信社編：『新生日本外交百年史』外務省鑑修　一九五三年

樋口正士：『下剋上　大元帥―張作霖爆殺事件』グッドタイム出版　二〇一四年

樋口正士：『ＡＲＡ密約―リットン調査団の陰謀―』カクワークス社　二〇一五年

【著者略歴】

樋口正士（ひぐち まさひと）

1942（昭和 17）年東京都町田市生まれ。
医学博士。日本泌尿器科学会認定専門医。

著書 『石原莞爾将帥見聞録－達観した生涯の陰の壮絶闘病録－』（原人舎）
『－日本の命運を担って活躍した外交官－芳澤謙吉 波乱の生涯』（グッドタイム出版）
『下剋上大元帥 張作霖爆殺事件』（グッドタイム出版）
『藪のかなた－駐華公使・佐分利貞男変死事件－』（グッドタイム出版）
『ARA 密約 リットン調査団の陰謀』（カクワークス社）

趣味 家庭菜園

捨石たらん！ 満蒙開拓移民の父 東宮鉄男

2016年3月1日 初版第1刷発行

著　　者　樋口正士
発 行 人　福永成秀
発 行 所　株式会社カクワークス社
〒150-0043 東京都渋谷区道玄坂2-18-11 サンモール道玄坂212
電話 03(5428)8468 ファクス03(6416)1295
ホームページ http://kakuworks.com

印刷・製本　日本ハイコム株式会社
装　　丁　なかじま制作
D T P　スタジオエビスケ

ISBN978-4-907424-06-0